Fritz Peterka

Wien – Wienerwald

50 ausgewählte Tageswanderungen in Wien und Umgebung

BERGVERLAG ROTHER GMBH • MÜNCHEN

ROTHER WANDERFÜHRER

Abruzzen
Achensee
Algarve
Allgäu 1, 2, 3, 4
Allgäuer Alpen - Höhenwege und Klettersteige
Altmühltal
Andalusien Süd
Annapurna Treks

Antholz Gsies
Aostatal
Appenzeller Land
Ardennen
Arlberg - Paznaun
Arnoweg
Außerfern
Australien
Auvergne
Azoren
Bayerischer Wald
Berchtesgaden
Bergisches Land
Berlin
Bern
Berner Oberland Ost
Berner Oberland West
Bodensee Nord, Süd
Bodensee-Rätikon
Böhmerwald
Bolivien
Bozen
Brandnertal
Bregenzerwald
Bremen - Oldenburg
Brenta
Bretagne
Bulgarien
Burgund
Cevennen
Chiemgau
Chiemsee
Chur
Cilento
Cinque Terre
Comer See
Cornwall-Devon
Costa Blanca
Costa Brava
Costa Daurada
Costa del Azahar
Côte d'Azur
Dachstein-Tauern
Dachstein-Tauern West
Dänemark-Jütland
Dauphiné Ost, West
Davos
Dolomiten 1, 2, 3, 4, 5, 6
Dolomiten-Höhenwege 1-3
Dolomiten-Höhenwege 4-7
Dolomiten-Höhenwege 8-10
Donausteig
E5 Konstanz - Verona
Ecuador
Eifel
Eifelsteig
Eisenwurzen
Elba
Elbsandstein
Elsass
Ober-, Unterengadin
Erzgebirge
Fichtelgebirge
Fränkische Schweiz
Friaul-Julisch Venetien
Fuerteventura
Gardaseeberge
Garhwal-Zanskar-Ladakh
Gasteinertal

Genfer See
Gesäuse
Glarnerland
Glockner-Region
Goldsteig
La Gomera
Gran Canaria
Grazer Hausberge
Gruyère-Diablerets
GTA
Hamburg
Harz
Hawaii
El Hierro
Hochkönig
Hochschwab
Hohenlohe
Hunsrück
Ibiza
Innsbruck
Irland
Isarwinkel
Island
Istrien
Italienische Riviera
Jakobsweg - Camino del Norte

Französischer Jakobsweg Le Puy-Pyrenäen, Straßburg-Le Puy
Jakobswege Schweiz
Spanischer Jakobsweg
Südwestdeutsche Jakobswege
Jugendherbergen Rheinland-Pfalz und Saarland
Julische Alpen
Jura, Französischer
Jura, Schweizer
Kalabrien
Kaiser
Kapverden
Karnischer Höhenweg
Kärnten
Karwendel
Kaunertal
Kitzbüheler Alpen
Klettersteige Bayern - Vorarlberg- Tirol - Salzburg
Klettersteige Dolomiten - Brenta - Gardasee
Klettersteige Julische Alpen
Klettersteige Schweiz
Klettersteige Westalpen
Korfu
Korsika
Korsika - GR 20
Kraichgau
Kreta Ost, West
Kurhessen
Lago Maggiore
Languedoc-Roussillon
Lanzarote
Lappland
Lesbos-Chios
Lungau
Luxemburg-Saarland
Madeira
Mallorca
Marken-Adriaküste
Mecklenburgische Seenplatte
Meran
Montafon
Mont Blanc
Montenegro
Mühlviertel
München
München - Venedig
Münsterland
Golf von Neapel
Neuseeland
Neusiedler See
Niederlande
Niederrhein
Nockberge
Norische Region
Normandie
Norwegen Süd
Oberlausitz
Oberpfälzer Wald
Odenwald
Ossola-Täler
Ostfriesland

Ost-Steiermark
Osttirol Nord, Süd
Ötscher
Ötztal
La Palma
Patagonien
Pfälzer Weitwanderwege
Pfälzerwald
Picos de Europa

Piemont Nord, Süd
Pinzgau
Pitztal
Provence
Pyrenäen 1, 2, 3, 4
La Réunion
Rheinhessen
Rheinsteig
Rhodos
Rhön
Riesengebirge
Rom-Latium
Rügen
Ruhrgebiet
Salzburg
Salzkammergut Ost
Salzkammergut West
Samos
Sardinien
Sauerland
Savoyen
Schottland
Schwabenkinder-Wege Oberschwaben
Schwäbische Alb Ost
Schwäbische Alb West
Schwarzwald Fernwanderwege
Schwarzwald Nord
Schwarzwald Süd
Schweden Süd und Mitte
Seealpen
Seefeld
Sierra de Gredos
Sierra de Guadarrama
Sizilien
Spessart
Steigerwald
Steirisches Weinland
Sterzing
Stubai
Stuttgart
Südafrika West
Surselva
Tannheimer Tal
Tasmanien
Hohe Tatra
Niedere Tatra
Tauern-Höhenweg
Hohe Tauern Nord
Tauferer Ahrntal
Taunus
Tegernsee
Teneriffa
Tessin
Teutoburger Wald
Thüringer Wald
Toskana Nord
Toskana Süd
Türkische Riviera
Überetsch
Umbrien
Ungarn West
Vanoise
Veltlin
Vía de la Plata
Vierwaldstätter See

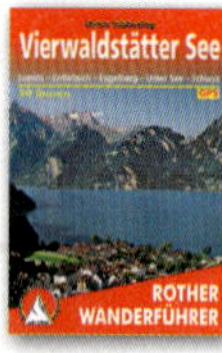

Vinschgau
Vogesen
Vogesen-Durchquerung
Wachau
Waldviertel
Oberwallis
Unterwallis
Weinviertel
Welterbesteig Wachau
Weserbergland
Westerwald
Westerwald-Steig
Wien
Wiener Hausberge
Zillertal
Zirbitzkogel-Grebenzen
Zugspitze
Zürichsee
Zypern

Vorwort

Kaum eine europäische Großstadt hält ein derart reichhaltiges Angebot an Ausflugszielen bereit wie die österreichische Bundeshauptstadt Wien. Die Möglichkeiten reichen von den Ausläufern der Ostalpen über das Weinviertel und das Marchfeld bis hin zu den Kleinen Karpaten, die durch die Osterweiterung der Europäischen Union deutlich näher gerückt sind.

Als Bewohner des Großraumes Wien kenne ich die verschiedenen Ausflugsziele seit meiner frühesten Kindheit. Leider konnte ich auch die negativen Einflüsse erleben – wie etwa den unersättlichen Raum- und Landschaftsbedarf der Millionenmetropole. Dennoch meine ich, dass Wien lebenswert geblieben ist: durch das viele Grün der Stadt, die zum Nationalpark »geadelten« Augebiete entlang der Donau, das wiederentdeckte Wanderparadies Weinviertel, die klassische Wanderregion Wienerwald und nicht zuletzt durch das zunehmende Umwelt- und Naturbewusstsein in der Weltstadt zwischen Orient und Okzident.

50 Wanderziele in Wien, im Wienerwald und im nördlichen Wiener Umland wurden für Sie ausgesucht, bekannte, weniger bekannte, ja sogar außergewöhnliche. An Ihnen wird es liegen, die vorgeschlagenen Touren nachzugehen, sie zu variieren, neue Ziele zu finden. Bei der Zusammenstellung achtete ich darauf, vorwiegend typisch wienerisch-gemütliche und dennoch eindrucksvolle Routen zu berücksichtigen. So werden Sie auf nahezu jeder Wanderung wenigstens ein Gasthaus oder einen Heurigen streifen. Dem Besucher Wiens stelle ich einige Spaziergänge und Wanderungen in der »Stadt der Künste« vor, die bedeutende Sehenswürdigkeiten näherbringen. Ganz besonderen Wert legte ich bei der Auswahl darauf, dass die Touren gut mit öffentlichen Verkehrsmitteln erreichbar sind – ein kleiner Beitrag zum Erhalt der Natur steht schließlich jedem von uns gut an! Für Anregungen, Tipps und Kritik bin ich Ihnen dankbar.

Seit der letzten Auflage 2006 ist die Zeit nicht stehengeblieben: Die Stadt Wien richtete u. a. zehn Stadtwanderwege, drei Rund-um-Wien-Wege und zwei die Stadt durchquerende Wege ein. Es wurde also nachhaltig in die Wander-Infrastruktur investiert. Informationen dazu wurden in diese neue Auflage mit aufgenommen.

Langenzersdorf, im Frühjahr 2012 — Fritz Peterka

Inhaltsverzeichnis

Absdorf
Königsbr. a. W.
Neustift im Felde
Kollersdf.
Seebarn am Wagram
St. Johann
Frauendorf a.d.Au
Bierbaum a. Kleebühel
Altenwörth
Winkl
Starnwörth
Eggendorf a. Wagram
Gaisruck
Zissersdorf
Stockerau Nord
Knoten Stockerau
Hausleiten
Schmida
Perzendorf
Neuaigen
Mollersdorf
Tulln
Stollhofen
Frauendorf
Preuwitz
Zwentendorf an der Donau
Hilpersdorf
Maria Ponsee
Bärndorf
Gemeinlebarn
Kleinschönbichl
Langenlebarn
Muckendorf a.d.D.
Ahrenberg
Erpersdf.
Dürnrohr
Pischelsdorf
Tulln a.d.D.
Oberaigen
Zeiselmauer
Wipfing
Wolfpassing
Reidling
Sitzenberg
Moosbierbaum
Trasdorf
Rust im Tullnerfeld
Asparn
Langenrohr
Nitzing
Königstetten
Eggendorf
Heiligeneich
Staasdorf
Tulbing
Tulb. Kogel
Gutenbrunn
Heiligenkreuz
Hasendorf
Michelhausen
Judenau
Freundorf
Chorherrn
Katzelsdorf
Mitterndorf
Streithofen
Baumgarten a. Tullnerfeld
Wilfersdorf
Tulbinger Kogel
Weißenkirchen a.d. Perschling
Langmannersdorf
Saladorf
Hankenfeld
Spital
Plankenberg
Abstetten
Auberg
Ollern
Grub
Reutberg
Dietersdorf
Hirschengarten
Perschling
Kapelln
Holzleiten
Diesendorf
Siegersdorf
Sieghartskirchen
Ried am Riederberg
Elsbach
Sdlg. Waldheim
Mauerbach
Rassing
Gumperding
Würmla
Asperhofen
Röhrenbach
Riederberg
Sdlg. Weideck
Haselbach
Thalheim
Murstetten
Großgraben
Wimmersdorf
Rappoltenkirchen
Höbersbach
Gablitz
Pönning
Raipoltenbach
Markersdorf
St. Laurenzi
Buchberg
Kogl
Kreuth
Troppberg
Hochbuch
Unter-grafendorf
Wiesen
Ober-Fuchsberg
Unter-Wolfsbach
Starzing
Kraking
Hauersteig
Purkersdorf
Weisching
Totzenbach
Paltram
Neulengbach
Penzing
Haberg
Irenental
Hinterberg
Ebersberg
Hofstatt a.A.
Dörnberg
Tullnerbach
Untertullnerbach
Reith
Sichelbach
Schönfeld
Groß-Raßberg
Lawies
Maria Anzbach
Rekawinkel
Haitzawinkel
Hutten
Böheimkirchen
Kirchstetten
Haag
Unter-Oberndorf
Pressbaum
St. Christophen
Hinterholz
Hocheichberg
Ottenheim
Heimbautal
Plosdorf
Dürnhag
Waasen
Kirchsteig
St. Christophen
Unterthurm
Hinterleiten
Eichgraben
Gr. Pfalzberg
Langseiten
Mitterfeld
Kasten b. Böheimkirchen
Aschberg
Altlengbach
Steinhäusl
Knoten Steinhäusl
Jochgrabenbg.
Pfalzau
Wolfsgraben
Kleiner Semmering
Fahrafeld
Doppel bei Kasten
Lanzendorf bei Kasten
Außerfurth
Hochstraß
Gießhübl
Neustift
Hengst
Agsbach
Breite
Hegerberg
Hochgschaid
Innermanzing
Steinplattl
Groß-höniggraben
Hochroterd
Wöglerin
Kaltenleutgeben
Mayerhöfen
Stössing
Hasenriegel
Lengbachl
Stangau
Sulz im Wienerwald
Kropfsdorf
Buchbach
Brand
Eck
Laaben
Hainbach
Roßgipfel
Höllenstein
Michelbach Markt
Stollberg
Klausen-Leopoldsdorf
Dornbach
Schöpfl
Schutzhaus
Kleindurlas
Lammerau
Grub
Sittendorf
Alland
Gföhlberg
Klamm
St. Corona am Schöpfl
Groß-Krottenbach
Mayerling
Heiligenkreuz
Klammhöhe
Neuwald
Glashütten
Höherberg
Alland
Bernau
Kuhberg
Klein-Mariazell
Tropfsteinh.
Groisbach
Preinsfeld
Unterrohrbach
Valeriehöhe
Gstettl
Untertriesting
Mayerling
Sattelbach
Hainfeld
Gerichtsberg
Kaumberg
Nöstach
Maria-Raisenmarkt
Cholera Kapelle
Thenneberg
Altenmarkt an der Triesting
Peilstein
Hafnerberg
Hoher Lindkogel
Unterried
Laabach
Schwarzensee
Schutzhütte Eisernes Tor
Veiglkogel
Ramsau
Rotes Kreuz
Hocheck
Hocheck Schutzhs.
Eberbach
Rohrbach
Neuhaus
Salzerbach
Hochriegel
Weissenbach an der Triesting
Fahrafeld
Rotes Kreuz
Kleinzell
Pöllau
Prymhäuser

Wolkersdorf
Wolkersdorf Nord
Wolkersdorf Süd
Obersdorf
Pillichsdorf
Bockfließ
Großengersdorf
Auerstahl
Weinstraße Weinviertel
Kleinwilfersdf.
Oberrohrbach
Rückersdorf
Harmannsdorf
Manhartsbrunn
Münichsthal
Pfösing
Kleinrötz
Ulrichskirchen
Spillern
Unterrohrbach
Leobendorf
Tresdorf
Seebarn
Stetten
Putzing
Eibesbrunn
Großebersdorf
Korneuburg
Korneubg. W.
Korneubg. N.
Kn. Korneubg. West
Königsbrunn
Eibesbr.
Kn. Eibesbrunn
Hagenbrunn
Seyring
Lourdeskapelle
Höflein a.d.D.
Tempelberg
Hadersfeld
Korneuburg/Ost
Bisamberg
Kritzendorf
Langenzersdorf
Stammersdorf
Seyring
Deutsch Wagram
Kapellerfeld
Helmahof
Deutsch-Wagram
Kierling
Klosterneuburg
Gerasdorf b. Wien
Weidling
Strebersdorf
Oberlisse
Groß-Jedlersdorf
Süßenbrunn
Angerner Str.
Aderklaa
Parbasdorf
Markgrafneusiedl
Großhofen
Glinzendorf
Raasdorf
Kahlenberg
Kahlenbergerdorf
Hermannskogel
Weidlingbach
Nussdorf
Grinzing
Salmannsdf.
Sievering
Floridsdorf
Leopoldau
Kagran
Hermann-Gebauer-Str.
Hirschstetten
Floridsdf. Brücke
Donaupark
Exelberg
Pötzleinsdorf
Neuwaldegg
Donaustadt
Aspern
Stadlau
Eßling
Heuberg
V.INT.CENTER
Kaisermühlen
Reichsbrücke
Kn. Kaisermühlen
Groß-Enzersdorf
Rutzendorf
Hadersdf.
Satzberg
Hütteldorf
Wien-Auhof
Handelskai
WIEN
Franzensdorf
Kn. Wien Prater
Hacking
St. Veit
Schönbrunn
St. Marx
Landstraße
Wien Simmeringer Haide
Simmering
Oberhausen
Mühlleiten
Probstdorf
Wiener Berg
Favoriten
Kaiserebersdorf
Mannswörth
Altmannsdorf
Kn. Inzersdorf
Laaer B.
Schönau an der Donau
Mauer
Kalksburg
Atzgersdorf
Sterngasse
Inzersdorf
Rothneusiedl
Oberlaa
Unterlaa
Kn. Schwechat
Schwechat O.
Flughafen Wien-Schwechat
Rodaun
Liesing
Siebenhirten
Rothneusiedl
Rannersdorf
SCHWECHAT
Fischamend Dorf
Fischamend Markt
Brunn a. Geb.
Vösendorf
Leopoldsdf.
Schwechat S.
Wien/Schwechat
Rustenfeld
Leopoldsdorf
Lanzendorf
Zwölfaxing
Kn. Vösendf.
Perchtoldsdf.
Brunn a. Gebirge
Hennersdf.
Pellendorf
Klein-Neusiedl
Maria Enzersdf.
Mödling
Gießhübl
Südstadt
Biedermannsdf.
Maria Lanzendorf
Himberg
Bründlkirche
Rauchenwarth
Königsberg
Enzersdorf an der Fischa
Wr. Neudf.
Achau
Andreasberg
Wiener Neudorf
Laxenburg
Schwadorf
Mödling
Neu-Guntramsdorf
IZ NÖ-Süd
Gutenhof
Wienerherberg
Gaaden
Thallern
Guntramsdf.
Velm
Ebergassing
Margarethen am Moos
Anninger
Gumpoldskirchen
Kn. Guntramsdf.
Münchendorf
Neu-Pischelsdorf
Moosbrunn
Gramatneusiedl
Götzendorf a.d.Leitha
Trautmannsdorf
Möllersdorf
Münchendf.
Neumitterndorf
Pischelsdorf
Pfaffstätten
Traiskirchen
Wienersdorf
Tribuswinkel
Traiskirchen
Trumau
Reisenberg
Ebreichsdorf/Nord
Mitterndorf a.d.Fischa
Wasenbruck
Baden
Oeynhausen
Oberwaltersdorf
Schranawand
Österr. Forschungszentrum
Mannersdorf am Leithagebirge
Sooß
Bad Vöslau
Haidhof-Sdlg.
Pferdesportpark
Ebreichsdf.
Seibersdorf
Thermenregion

Touristische Hinweise

Zum Gebrauch des Führers

Das Inhaltsverzeichnis gibt Auskunft über den Aufbau des Buches und einen Überblick über alle beschriebenen Wanderungen. Jedem einzelnen Tourenvorschlag sind die wichtigsten Informationen in Form eines Tourensteckbriefes vorangestellt. Ihr folgt eine Beschreibung des zu gehenden Weges. Ein Wanderkärtchen mit eingezeichneter Route, ein Streckenprofil mit Etappen-, Höhen- und Gehzeitangaben und wenn möglich ein Bild ergänzen den Text. Im Stichwortverzeichnis am Schluss des Führers können alle Ausgangsorte, Berge, Tourenziele usw. nachgeschlagen werden. Das erleichtert die Vorbereitung und die Planung von individuell zusammengestellten Zusatzwanderungen. Die Übersichtskarten auf der vorhergehenden Seite und auf dem Buchumschlag informieren über die Lage der einzelnen Ausgangspunkte und Ziele.

Anforderungen

Alle im Führer beschriebenen Wanderwege sind im Prinzip unschwierig und können mit Sport- oder Wanderschuhen begangen werden. Um dem Wanderer auf den ersten Blick eine Einschätzung zu ermöglichen, sind die Tournummern farbig hinterlegt:

Leicht Blaue Nummern kennzeichnen leichte Touren auf gepflegten und gut ausgeschilderten Wegen ohne nennenswerte Anstiege. Die Gehzeiten sind überschaubar.

Mittel Rote Tournummern kennzeichnen mittelschwere Touren, auf denen vereinzelte steilere Anstiege oder unwegsames Terrain zu bewältigen sind. Die Gehzeiten können etwas länger sein, die Markierungen ggf. uneindeutig.

Symbole

	mit Bahn/Bus erreichbar		Gipfel
	Einkehrmöglichkeit unterwegs		Burg, Schloss, Ruine
	für Kinder geeignet		Kirche, Kapelle, Kloster
	Ort mit Einkehrmöglichkeit		Aussichtsturm
	Einkehrmöglichkeit, Café		Aussichtsplatz
	Schutzhaus, Unterstand		Busanschluss
	Picknickplatz		Bahnanschluss

Wanderweg von der Sophienalpe zur Mostalm (Tour 4).

Gefahren

Nahezu alle beschriebenen Wanderungen folgen gut ausgebauten Wegen oder Straßen. Bei besonderen Witterungsverhältnissen wie Nässe, Schnee oder gar Eis ist dennoch die notwendige Vorsicht angebracht. Bei der Nutzung von Straßen ist unbedingt auf die Einhaltung der Straßenverkehrsordnung zu achten (u. a. »Links gehen, Gefahr sehen!«).

Ausrüstung

Bequeme Schuhe wie Leichtwanderschuhe (Trekking-Schuhe) oder Sportschuhe ermöglichen ein sorgenfreies Wandern rund um Wien. Die Bekleidung sollte luftig und leicht sein: Freizeithose, Polo-Shirt, ein atmungsaktiver Regen- und ein wirksamer Sonnenschutz sorgen bei jeder Wetterlage für unbeschwerten Wanderspaß. Bei längeren Wanderungen ist die Mitnahme eines kleinen Rucksacks mit Trinkflasche und Proviant zu empfehlen.

Karten

Grundsätzlich ist es möglich, die Touren mit den angefügten Kartenausschnitten im Maßstab von 1:12.500 bis 1:125.000 zu gehen. Für die weitere Orientierung sind folgende Kartenwerke zu empfehlen:

- Freytag & Berndt, Städteatlas Großraum Wien, 1:20.000/1:12.500
- Freytag & Berndt, Wanderkarte 011, Wienerwald, 1:50.000
- Freytag & Berndt, Wanderatlas Wienerwald, 1:50.000

Aufstieg von Schwarzensee zum Peilstein (Tour 23), im Hintergrund der Hohe Lindkogel.

Gehzeiten

Die angegebenen Zeiten sind Gehzeiten ohne Pausen. Sie wurden allerdings großzügig bemessen, so dass sportliche Wanderer sie gewiss unterbieten oder als Richtwert einschließlich Pausen nehmen können. Die Zeitangaben verstehen sich immer als Gesamtzeit vom Ausgangspunkt bis zum Endpunkt!

Schutzhütten, Gaststätten, Restaurants

Rund um Wien gibt es einige Schutzhütten alpiner Vereine, zum Teil mit Übernachtungsmöglichkeit (siehe S. 16; bitte rechtzeitig erkunden und reservieren, Schutzhütten können Ruhetage und Urlaubszeiten haben!). Das Angebot an Speisen ist dort bescheidener als in den zahlreich vorhandenen Gaststätten und Restaurants.

Abkürzungen

bew.	=	bewirtschaftet
Ghs.	=	Gasthaus
nö.	=	niederösterreichisch(e)
NÖ	=	Niederösterreich
ÖAV	=	Österr. Alpenverein
ÖTK	=	Österr. Touristenklub
RWW	=	Rundwanderweg
TVN	=	Touristenverein »Die Naturfreunde«
WV	=	Wanderverein

Top-Touren in und um Wien

Leopoldsberg und Kahlenberg

Der Aussichtsbalkon Wiens! Ob zu Fuß, mit dem Bus oder dem PKW: Bei klarem Wetter ist der Blick auf die Millionenstadt atemberaubend. Die Höhenunterschiede sind es weniger, obwohl man zwei der höchsten Berge Wiens besteigt (Tour 2, 2.15 Std., rot).

Rund um den Lainzer Tiergarten

Nicht in den, sondern rund um den Lainzer Tiergarten führt uns dieser Wanderweg. Er verläuft stets in der Nähe der Tiergartenmauer, die von Baumeister Schlucker errichtet wurde, auf den der Begriff »armer Schlucker« Bezug nimmt (Tour 8, 6.15 Std., rot).

Naturpark Sparbach

In Niederösterreich gibt es so viele Naturparks wie in allen anderen Bundesländern zusammen. Einer der schönsten ist jener oberhalb von Sparbach am Fuße des Höllensteins – planmäßig angelegt und romantisch ausgestattet von Fürst Liechtenstein (Tour 13, 2.00 Std., rot).

Husarentempel und Matterhörndl

Der Husarentempel wird nachts beleuchtet und ist von der Autobahn aus unschwer zu erkennen. Er ist einer der Höhepunkte auf dem Josef-Schöffel-Wanderweg, der zur Erinnerung an den »Retter des Wienerwaldes« eingerichtet wurde (Tour 15, 4.30 Std., rot).

Schlosspark Laxenburg

Eine ganze Reihe an prachtvollen Bauwerken und gepflegte Parknatur erwartet den staunenden Gast im Schlosspark Laxenburg. Kinder und Erholungssuchende kommen – ohne einander auf die Zehen zu steigen – voll auf ihre Kosten (Tour 17, 1.15 Std., blau).

Burg Kreuzenstein

Es ist dem Grafen Wilczek zu verdanken, dass im 19. Jahrhundert diese monumentale, weithin sichtbare Idealburg im neugotischen Stil wieder errichtet wurde. Sie ist nicht nur Ziel zahlreicher Schulausflüge, sondern diente öfter auch als Kulisse von Filmen mit internationaler Starbesetzung (Tour 35, 3.30 Std., blau).

Bisamberg

In Langenzersdorf endete 1895 der Lebensweg von Kaspar Schrammel, Vater der beiden weltberühmten Brüder Johann und Josef Schrammel, die die Wiener Schrammelmusik begründet haben. Anlässlich seines 90. Todestags wurde 1985 ein reizvoller Rundwanderweg angelegt (Tour 36, 3.30 Std., rot).

Ringstraße

Auf der imperialen Wiener Ringstraße kann man nicht nur mit der Straßenbahn, dem PKW oder dem Rad die Wiener City umrunden. Erst bei der Entschleunigung, die das Wandern mit sich bringt, werden die Details der vielen Prachtbauten dem staunenden Betrachter wahrhaftig (Tour 44, 2.00 Std., blau).

Schönbrunn

Bis zu 12.000 Besucher täglich können nicht irren: Die Sommerresidenz von Maria Theresia gefiel nicht nur der Regentin und dem zweifachen Kurzzeitbewohner Napoleon, sondern ist auch für Touristen eine der lohnendsten Sehenswürdigkeiten Wiens. Schlosspark und Gloriette sind ohne Entgelt zu besichtigen (Tour 47, 2.00 Std., blau).

Prater

Riesenrad und Wurstelprater sind Fixpunkte eines Wien-Besuchs. Weniger bekannt ist die auwaldumgebende Hauptallee zwischen Praterstern und Lusthaus. Ein Eldorado für Läufer, Spaziergänger, Radler und Hundebesitzer (Tour 50, 1.30 Std., blau).

Wandern in Wien und Umgebung

Der Großraum Wien erstreckt sich über die Stadtgrenzen der Bundeshauptstadt Wien hinaus bis tief hinein ins umliegende Bundesland Niederösterreich. Die politische Trennung zwischen den beiden Bundesländern bestand bereits viele Jahrzehnte lang, als 1986 in Folge einer Volksabstimmung der Beschluss gefasst wurde, der Niederösterreich eine eigene Landeshauptstadt zusprach: St. Pölten. Kulturell und landschaftlich aber überdauert die enge Verbindung. Der Übergang zwischen dem 400 km² großen Stadtgebiet und den angrenzenden Gegenden ist fließend, und dies- und jenseits der Stadtgrenze findet man viele attraktive Wanderziele vor.

Blick vom Tulbinger Kogel (Tour 29) am nördlichen Rand des Wienerwalds über das Tullnerfeld mit der Bezirksstadt Tulln und der aktiven Zuckerfabrik bis zum Donautal.

Die städtischen Gebiete nördlich der Donau (Tour 40) sind von den alten Donauarmen geprägt.

Folgende Regionen im Großraum Wien sind – neben der Stadt selbst – Gegenstand des Führers: der Wienerwald, das Tullnerfeld, das Weinviertel mit dem Rohrwald und dem Kreutwaldzug sowie das Wiener Becken mit dem Marchfeld und den Donau-Auen. Eine Erweiterung auf weiter entfernte Ziele (z. B. Voralpen, Leiser Berge, Leithagebirge u. a. m.) erschien nicht sinnvoll. Es wurde vom Grundsatz ausgegangen, die Dauer der Anfahrt vom Stadtzentrum möglichst gering zu halten. Früher genügte der berühmte Straßenbahnfahrschein nach Rodaun, um (zu Fuß) auf den Schneeberg zu gelangen. Heute ist es die Streifenkarte des Verkehrsverbunds Ost-Region (VOR), mit der alle Ziele in diesem Führer erreicht werden können.

Seit weit mehr als 100 Jahren betreuen alpine Vereine, Wandervereine und Fremdenverkehrsverbände das zwischenzeitlich recht beachtliche Wanderwegenetz der Region. Der Höhepunkt war in den 1950er-Jahren erreicht, einer Zeit, wo Reisen zu weiter entfernten Zielen noch Luxus waren. Durch die inzwischen erfolgte Vollmotorisierung ebbte das Interesse der Wiener an ihrem Naherholungsgebiet ab und immer weniger ehrenamtliche Betreuer kümmern sich um das vorhandene Wegenetz.

In den 1970er-Jahren war infolge der Aktion »Wanderbares Österreich« der Österreichischen Fremdenverkehrswerbung eine kurzzeitige Trendwende zu verzeichnen. Es entstanden zahlreiche Weitwanderwege mit einheitlicher Markierung und einer Weglänge von zumindest 40 km. Bei erfolgreicher Begehung erhielt der Wanderer Abzeichen und Urkunde. Volkswandertage und Märsche auf solchen Weitwanderwegen führten zu einer Renaissance der Wanderbewegung. Heute weisen manche Wege mehr als 30.000 nachweisliche Begehungen auf! Besonders Wandergebiete jenseits von Modegebieten wie Wienerwald, Prater, Lobau oder Bisamberg profitierten von diesem Trend. Ein Beispiel: Der Rohrwald war 1976 nur von vereinzelten Markierungsspuren durchzogen, denen lediglich kartenkundige Wanderer folgten. Inzwischen entstand hier ein Wegenetz, das in Bezug auf seine Beliebtheit mit dem des Wienerwalds zu vergleichen ist. Ein neue Entwicklung ist seit gut 15 Jahren im Wiener Raum zu erkennen: Nicht mehr die alteingesessenen alpinen Vereine, sondern die Stadt Wien und die Tourismusorganisationen schildern mit dem »Rückenwind« beachtlicher Förderungen neue Wanderwege aus. Es bleibt zu hoffen, dass das öffentliche Interesse diesmal nicht so bald erlahmt wie bei der zuvor erwähnten Aktion »Wanderbares Österreich«.

Informationen und Adressen von A bis Z

Anreise

Wien ist durch folgende Verkehrsmittel an das internationale Verkehrsnetz angebunden:

Flugzeug: Linienflüge zum Flughafen Wien, u. a. von Lufthansa/AUA/SWISS; mehrere Busverbindungen in die City, CAT (City Air Train) und S-Bahn nach Wien Mitte.

Bahn: EN-, EC-, Railjet-, ICE- und IC-Verbindungen von vielen europäischen Städten.

Schiff: Linien- und Kreuzfahrtschiffe (Anlegestellen Handelskai und Nussdorf, von Ostern bis Oktober, bei Niedrig- oder Hochwasser Einschränkungen möglich), Schnellboote von Budapest und Bratislava (Anlegestelle Handelskai), TwinCityLiner mehrmals täglich von Bratislava nach Wien (Anlegestelle Schwedenbrücke).

Autobahn: Westautobahn (A 1) über Salzburg und Linz, Südautobahn (A 2) über Klagenfurt und Graz, Ostautobahn (A 4) ab Bruck/Leitha, Nordautobahn von Schrick/Mistelbach und Donauuferautobahn (A 22) von Stockerau nach Wien.

Im Wiener Stadtgebiet gehen Natur und Kultur wie hier im Volksgarten (Touren 44 und 46) eine sehenswerte Verbindung ein.

Auskunft

Reisebüros und Außenstellen der Österreich Werbung (www.austriatourism.com) geben im Ausland Auskunft über Reisen nach Wien. Prospekte können Sie telefonisch beim Urlaubsservice der Österreich Werbung oder bei Wien-Hotels & Info bestellen.

In Wien gibt es folgende Informationsstellen:

- Stadtinformationszentrum, A–1080 Wien, Rathaus, Eingang Friedrich-Schmidt-Platz 1, Tel. 0043 (0)1/52550, stadtinformation@post.wien.gv.at (Öffnungszeiten: Montag bis Freitag 8:00–18:00 Uhr)
- Urlaubsservice der Österreich Werbung, A–1040 Wien, Margaretenstraße 1, Tel. 0810/101818 (für Anrufer aus Österreich, Ortstarif), 0842/101818 (für Anrufer aus der Schweiz, Ortstarif), 00800/40020000 (für Anrufer aus Deutschland, gebührenfrei), 0041(44)/4571055 (für Anrufer aus Liechtenstein), www.austria.info
- Wien-Hotels & Info/WienTourismus, Tourismusdienststelle des Landes Wien mit zwei Besucherstellen: Tourist-Info Wien (Albertinaplatz, Ecke Maysedergasse, hinter der Wiener Staatsoper, A-1010 Wien, Öffnungszeiten: tgl. 9:00–19:00 Uhr) und Tourist-Info Flughafen Wien (in der Ankunftshalle, Öffnungszeiten: tgl. 6:00–23:00 Uhr), Tel. 0043 (0)1/ 24555, Fax 0043 (0)1/24555-666, www.wien.info
- RUEFA/Österreichisches Verkehrsbüro, zahlreiche Filialen in Wien und NÖ, Tel. 0043 (0)810/200 400, www.ruefa.at
- ARBÖ/Auto-, Motor- und Radfahrerbund Österreichs, 1150 Wien, Mariahilfer Straße 180, Tel. 0043 (0)1/89121-0, Fax 0043 (0)1/89121-236, www.arboe.at

Freizeit-, Sport- und Wander-Informationsstellen

- Stadtinformationszentrum, A–1080 Wien, Rathaus, Eingang Friedrich-Schmidt-Platz 1, Tel. 0043 (0)1/52550, stadtinformation@post.wien.gv.at (Öffnungszeiten: Montag bis Freitag 8:00 bis 18:00 Uhr)
- Wienerland-Wanderinformationen, A–2103 Langenzersdorf, Pamessergasse 13, Tel. 0043 (0)2244/3536, wienerland@asn.or.at, www.wienerland.at
- Österreichischer Fachverband für Sportwandern, Weitwandern und Trekking (ÖFS), oefs@asn.or.at, www.oefs.at

Klima

Kontinentales Klima beeinflusst den Großraum Wien, wobei das Monatsmittel im Jänner bei –1°C und im Juli bei 19°C liegt. In den Sommermonaten kommt die Region auf durchschnittlich bis zu acht Sonnenstunden, im Winter sind es kaum mehr als zwei. Die jährliche Niederschlagsmenge wird mit 600-800 mm/m² beziffert. Im langjährigen Durchschnitt liegt an ungefähr 30 Tagen im Jahr Schnee, wobei die höheren Lagen des Wienerwaldes begünstigt sind.

Die Liliputbahn im Wiener Prater (Tour 50) ist nicht das effektivste, sicher aber eines der charmantesten Fortbewegungsmittel im Raum Wien.

Notruf

Euronotruf 112, Feuerwehr 122, Polizei 133, Rettungsdienst 144.
Weitere Notrufnummern in Wien und Niederösterreich entnehmen Sie bitte dem Telefonbuch und Hinweisen in öffentlichen Telefonzellen.

Öffentliche Verkehrsmittel

Der Verkehrsverbund Ost-Region (VOR, www.vor.at) macht es möglich, im Großraum Wien mit einem Fahrschein, der sogenannten Streifenkarte, verschiedene öffentliche Verkehrsmittel zu benutzen. Automaten befinden sich in Bahnhöfen, an U- und S-Bahn-Stationen und anderen wichtigen Haltestellen öffentlicher Verkehrsmittel. Auch in Trafiken (Tabakläden) sind Streifenkarten und die günstige Umweltstreifenkarte erhältlich. Das Verkehrsangebot im VOR umfasst U-, S- und Straßenbahnen sowie Buslinien. Schifffahrtslinien und Taxiunternehmen ergänzen das Angebot.
Informationen erhalten Sie im ÖBB-Reiseportal mit dem Fahrplansucher Scotty (www.oebb.at), in den Reisezentren der ÖBB, im Callcenter der ÖBB, Tel. 0043 (0)5/1717, und bei den WIENER LINIEN GmbH & Co KG, 1030 Wien, Erdbergstr. 202, U3 Station Erdberg, Tel. 0043 (0)1/7909-100, www.wienerlinien.at (Öffnungszeiten: Montag bis Mittwoch 8:00–15:00 Uhr, Donnerstag 8:00–17:30 Uhr, Freitag 8:00–15:00 Uhr).

Schutzhütten

Folgende Schutzhütten findet man rund um Wien:

Schutzhaus	bew.	Berg
■ Anninger-Schutzhaus	privat	Anninger
■ Schutzhaus Eisernes Tor	ÖTK	Hoher Lindkogel
■ Franz-Ferdinand-Schutzhaus	privat	Föhrenberge
■ Höllensteinhaus	TVN	Föhrenberge
■ Kammersteiner Hütte	ÖAV	Föhrenberge

■ Krauste Linde	privat	Anninger
■ Nordwienerhütte	ÖAV	Wienerwald
■ Peilsteinhaus	ÖAV	Peilstein
■ Peilsteinhütte	TVN	Peilstein
■ Rudolf-Proksch-Hütte	ÖAV	Anninger
■ Schöpfl-Schutzhaus	ÖTK	Schöpfl
■ Teufelsteinhütte	ÖAV	Föhrenberge
■ Vöslauer Hütte	TVN	Vöslauer Lindkogel

Übernachtungsmöglichkeiten sind rechtzeitig zu erfragen, Ruhetage und saisonale Sperrzeiten zu beachten! Weitere Informationen zu den Hütten finden Sie auf den Webseiten des Österreichischen Alpenvereins (www.alpenverein.at), des Österreichischen Touristenklubs (www.oetk.at) und der Österreichischen Naturfreunde (www.naturfreunde-huetten.at).

Telefon

Bei Anrufen aus dem Ausland ist die entsprechende Landeskennzahl für Österreich (aus der Bundesrepublik Deutschland, der Schweiz, Tschechien und Liechtenstein »0043«), dann die Ortsnetzkennzahl ohne »0« (z. B. für Wien nur »1« statt wie bei Anrufen aus dem Inland »01«) und schließlich die Teilnehmernummer zu wählen.

In Wienerwald und Weinviertel warten viele einladende Hütten und Heurige auf hungrige Besucher.

Weitwanderwege und überregionale Wege rund um Wien

Weitwanderwege haben eine bestimmte Länge (Hauptwanderwege mindestens 40 km; Wege, die sich auf mehrere Bundesländer erstrecken, über 100 km), eine einheitliche Markierung (rot-weiß-rot) und Nummerierung sowie eine entsprechende Beschilderung. Sie werden in Führerwerken beschrieben und in Wanderkarten eingetragen. Wer eine vorgegebene Anzahl von Stempeln (erhältlich in Schutzhütten, Gasthäusern oder an Selbstkontrollstellen) von einem Weg nachweisen kann, erhält bei der im Führerwerk angegebenen Leitstelle auf Wunsch die dazugehörige Wandernadel, Wertung und Urkunde.

Die Wege in den Wandergebieten rund um Wien sind in der Regel gut ausgebaut und eindeutig beschildert, so dass sie auch für wenig geübte Wanderer ohne Probleme zu begehen sind.

Die großen Weitwanderwege sind an der Nummer erkennbar: An der Zehnerstelle steht eine Null und an der Einerstelle die Wegnummer, die Hunderterstelle bezeichnet die Gebirgsgruppe (z. B. »6« für das Weinviertel oder »4« für den Wienerwald). Die rot-weiß-roten Wegtafeln zeigen die Zahl ohne Hunderterstelle. Neuerdings werden Weitwanderwege (z. B. Jakobswege) von Tourismusorganisationen auch mit gelben Schildern in Pfeilform bezeichnet.
In der Umgebung von Wien verläuft eine ganze Reihe von Weitwanderwegen:

Wanderweg	Organisation	Region
■ Donaukraft-Wanderweg	Wienerland	Weinviertel
■ Europaweg E 4	EWV	Wienerwald
■ Europaweg E 8	EWV	Weinviertel
■ Hans-Czettel-RWW	Wienerland	Weinviertel
■ Hermesweg	privat	Wienerwald
■ Jakobs- und Marienpilgerweg	Wienerland	Weinviertel
■ Korneuburger RWW	WV	Weinviertel
■ Kreuzensteiner RWW	Wienerland	Weinviertel
■ Lainzer-Tiergarten-RWW	TVN	Wienerwald
■ Marchfeldkanalweg	Wienerland	Weinviertel
■ Mariazeller Weg 06	ÖAV	Wienerwald
■ Mödlinger RWW	WV Mödling	Wienerwald
■ Nö. Landes-RWW	Land NÖ	Wienerwald, Weinviertel

■ Nordalpenweg	ÖAV	Wienerwald
■ Grenzlandweg	ÖAV	Weinviertel, Lobau
■ Rund-um-Wien-Weg 10, 11	Gemeinde Wien	Großraum Wien
■ Rundumadum-Wanderweg	Gemeinde Wien	Großraum Wien
■ Voralpenweg	ÖTK/ÖAV	Wienerwald
■ Weinviertelweg	TVN/ÖAV	Weinviertel
■ Weinviertler Grenzlandweg	TVN/ÖAV	Weinviertel, Lobau
■ Weinviertler RWW	Wienerland	Weinviertel
■ Beethovenweg	WV	Wienerwald
■ Weinviertler Wanderquartett	Wienerland	Weinviertel
■ Wienerwald-RWW	Wienerland	Wienerwald
■ Wienerwald-Sternwege	WV	Wienerwald
■ Wienerwald-Verbindungsweg	WV	Wienerwald
■ Wienerwald-Weitwanderweg	ÖTK/WV	Wienerwald
■ WIR-Wanderweg	Neulengbach	Wienerwald

Kostenlose und unverbindliche Informationen erhalten Sie auf Wunsch bei der Organisation Wienerland, Pamessergasse 13, A–2103 Langenzersdorf, Tel. 0043 (0)2244/3536, wienerland@asn.or.at, www.wienerland.at.

In den Gebieten nördlich der Donau folgen die Touren häufig Wasserläufen, in deren Umfeld wie hier am Marchfeldkanal (Tour 37) eine üppige Flora vorzufinden ist.

Wienerwald und angrenzende Gebiete

Der Wienerwald wird durch das Donautal, die Traisen-/Gölsenlinie, das Triestingtal und das Wiener Becken begrenzt. Er umfasst eine Fläche von rund 1400 km² und stellt die erste bzw. letzte Gebirgsgruppe der Nördlichen Ostalpen dar. Der Schöpfl ist mit 893 m die höchste Erhebung, die zweithöchste ist der Hohe Lindkogel mit 834 m.

Das Wiental teilt den Wienerwald in eine nördliche und südliche Hälfte. Die Linie Altenmarkt an der Triesting – Alland – Sulz – Kaltenleutgeben – Rodaun hingegen teilt ihn in eine nördliche Flyschzone mit Sand-, Mergel- und Tonsteinen und eine südliche Kalkzone. Analog dazu findet man im nördlichen Bereich ausgedehnte Buchen- und Eichenwälder, weiter südlich Föhrenbestände.

In der zweiten Hälfte des 19. Jh. wurde der Siedlungsdruck Wiens so groß, dass weite Wienerwaldflächen gerodet und besiedelt wurden. Es war auch die Zeit der touristischen Erschließung: Schutzhäuser, Aussichtswarten, ja sogar Seilbahnen auf Leopoldsberg und Sophienalpe sowie eine Zahnradbahn auf den Kahlenberg entstanden. 1870 begann man angesichts der Fol-

Laubbaumbestände und Holzwirtschaft prägen den Wienerwald.

In den südlichen Ausläufern ragen mitunter steile Felswände aus dem Wald empor.

Der Wienerwald hat nicht nur Natur, sondern auch Kultur zu bieten: Zahlreiche sehenswerte Burgen, Klöster und Kirchen finden sich am Wegesrand.

gen der Industrialisierung und der vehementen Verbauung des Wiener Stadtgebietes an eine Schutzzone im nordwestlichen Wien zu denken. Man wollte der Wiener Bevölkerung den Naherholungsraum an der Peripherie erhalten. Doch erst 1905 erging ein Erlass des Bürgermeisters Dr. Karl Lueger, der zur »... dauernden Sicherung der Gesundheitsverhältnisse der Stadt« sowie »zur Erhaltung des landschaftlich schönen Rahmens ... einen Wald- und Wiesengürtel an der Peripherie ... für alle Zeiten« gesetzlich festschrieb. Daraufhin wurden Flächen für die Erholung und den Bau der Höhenstraße gewonnen. Hauptorte im Wienerwald sind Klosterneuburg, Mauerbach, Purkersdorf, Gablitz, Pressbaum, Rekawinkel, Neulengbach, Laaben, St. Corona, Kleinmariazell, Klausenleopoldsdorf, Alland, Heiligenkreuz, Gaaden, Breitenfurt, Kaltenleutgeben, Perchtoldsdorf, Mödling, Gumpoldskirchen, Baden und Bad Vöslau. Zudem ist das Gebiet reich an Sehenswürdigkeiten: Stift Klosterneuburg, die Kirchen auf dem Leopolds- und dem Kahlenberg, die Kartause Mauerbach, Burg und Schloss Liechtenstein, das Schöpfl-Observatorium, die Burg Neulengbach, der Schrannenplatz in Mödling, Kurpark und Casino Baden, das Stift Heiligenkreuz, die Aquädukte der Wiener Hochquellenwasserleitung u. v. a. m. warten auf ihre Besichtigung.

1 Hermannskogel, 542 m

3.45 Std.

Vom Heurigenort Sievering zum höchsten Berg Wiens

Bereits im 19. Jahrhundert waren der Ausflug mit dem Stellwagen nach Sievering und die anschließende Wanderung eine beliebte »Landpartie«. Später fuhr man mit der Straßenbahn, heute müht sich der städtische Bus durch die engen Straßen des Heurigenorts. Auf dem Stadtwanderweg 2 erreicht man bald den Wienerwald und – nach anstrengendem Anstieg – auch den höchsten Berg Wiens, den Hermannskogel.

Ausgangspunkt: Wien-Döbling (19. Bezirk), Ortsteil Sievering, Sieveringer Straße 217, 251 m, Endstation der Buslinie 39 A, ausreichend Parkmöglichkeiten.
Höhenunterschied: 450 m.
Anforderungen: Einige An- und Abstiege, bei Nässe und Schneelage mühsam.
Einkehr: Heurige in Sievering, Häuserl am Himmel, Stadtheuriger und Restaurant am Cobenzl, Ghs. Jägerwiese, Grüass Di a Gott Wirt, Häuserl am Roan, Häuserl am Stoan.

In **Sievering** (auf der Höhe des Sieveringer Bades) zweigen von der Sieveringer Straße rechts gelbe Farbmarkierungen ab, die uns bergwärts zum sogenannten **Himmel** (schöne Aussicht) und zum Cobenzl führen. Nach Überqueren der Bellevue- und der Himmelstraße erreichen wir den **Cobenzl** (382 m), eine ringsum freie Aussichtsterrasse mit Restaurant, Stadtheurigem und einer Bushaltestelle der Linie 38 A (Grinzing Kahlenberg – Leopoldsberg). Es lohnt sich, auf das weite Häusermeer Wiens herabzuschauen!

Holzpfeile mit der Aufschrift »Stadtwanderweg 2« weisen uns vom Cobenzl zunächst in Richtung Kahlenberg. Wir kommen am Denkmal des früheren Wiener Bürgermeisters Dr. Karl Lueger vorbei und wandern leicht ansteigend nordwärts um den Latisberg herum. An der Wegkreuzung **Kreuzeiche** finden wir die rot-weiß-rote Markierung des Wienerwald-Verbindungsweges 444 vor, den wir bereits im Bereich der Himmelstraße antrafen. Sie weist uns bis zum Dreimarkstein den weiteren Wegverlauf. Durch schönen Buchen-Hochwald kommen wir zur **Jägerwiese** mit Ghs., Spielplatz und Lagerwiese mit Streicheltieren.

Der Weg auf den höchsten Berg im Wiener Stadtgebiet führt uns über schöne Lichtungen auf den ansonsten dicht bewaldeten Wienerwaldhängen.

Nun steigt der Weg zur höchsten Erhebung Wiens, dem **Hermannskogel**, an. Am unteren Rand einer steilen Wiese, die im Winter als Skihang dient und vom gegenüberliegenden Bisamberg gut erkennbar ist, sind die letzten Höhenmeter zu überwinden. Zunächst geht es scharf nach links und dann in wenigen Minuten zur Habsburgwarte am Hermannskogel hinauf. Leider gibt es am Fuß der Warte keinen Ausblick. Sie kann aber vom 1. April bis zum 31. Oktober an Sonn- und Feiertagen und bei Schönwetter gegen ein geringes Entgelt bestiegen werden (prächtiger Ausblick).
Wir steigen nun hinab zur **Rohrerwiese** mit dem Grüass Di a Gott Wirt. Im Winter ist der Weg eine beliebte Rodelbahn. Kurz vor der Rohrerwiese mündet der Fahrweg von der Jägerwiese ein – eventuell eine weniger beschwerliche Variante. Ein leicht ansteigender Waldweg bringt uns zum **Dreimarkstein** (454 m) mit dem an der Höhenstraße gelegenen Ghs. Häuserl am Roan.
Auf der Höhenstraße geht es links in wenigen Minuten zum Ghs. Häuserl am Stoan am Scheitelpunkt der **Salmannsdorfer Höhe**. Wir steigen nun – mit Blick über Weingärten auf Neustift am Walde – zur Agnesgasse ab, der wir nach links folgen. Am Kreuzungspunkt mit der Sieveringer Straße endet die Rundwanderung im Heurigenort **Sievering**.

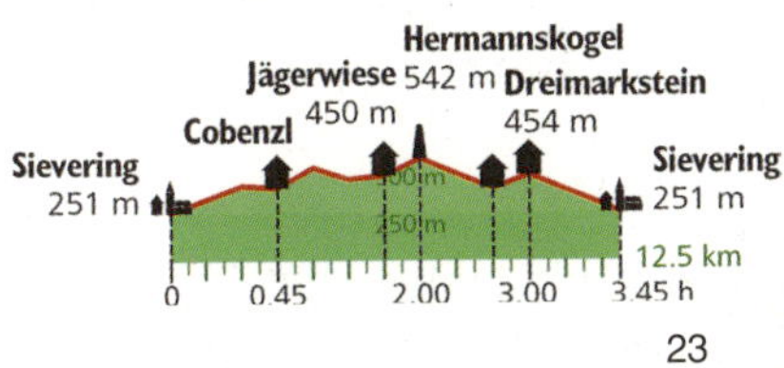

2

Leopoldsberg, 425 m, und Kahlenberg, 484 m

2.15 Std.

Über die beiden bekanntesten Wiener Hausberge

Wer sich die Besonderheit der Lage Wiens am Rand des Wienerwalds und des Wiener Beckens zu Fuß erschließen möchte, wird von dieser Rundwanderung begeistert sein. An klaren Tagen reicht der Blick über das Häusermeer der Millionenstadt und die Donau hinweg bis zu den Kleinen Karpaten.

Ausgangspunkt: Kahlenbergerdorf, 168 m, Bushaltestelle der Linie 238 von Wien-Heiligenstadt nach Klosterneuburg, bescheidene Parkmöglichkeiten in den engen Gassen des Kahlenbergerdorfes.
Höhenunterschied: 350 m.
Anforderungen: Sehr steiler Anstieg mit zahlreichen Stufen und Kehren (Asphaltbelag) auf den Leopoldsberg.
Einkehr: Heurige im Kahlenbergerdorf, Gastwirtschaft Josefinenhütte/Hütte am Weg, Restaurant am Kahlenberg.
Variante: Erweiterung der Wanderung durch Beginn in Nussdorf (Stadtwanderweg 1).
Tipp: Sehenswerte Kirchen im Kahlenbergerdorf, auf dem Leopolds- und dem Kahlenberg, ausgezeichnete Ausblicke vom sogenannten Nasenweg und den Terrassen der beiden Hausberge.

Von der Bushaltestelle geht es unter der Heiligenstädter Straße (B 14) hindurch ins **Kahlenbergerdorf** mit seinen eng aneinander gereihten Häusern. Wahrzeichen des Örtchens ist die Kirche St. Georg, von der zweimal im Monat Pilger zum Gnadenbild Maria Hilf auf dem Leopoldsberg aufbrechen. Beim Haus Heiligenstädter Straße 357 beginnt der »Nasenweg«, der steile, gewundene Anstieg über die Nase des **Leopoldsbergs**. Mehrere Aussichtsterrassen ermöglichen einen Blick auf die Donau mit Donauinsel und Entlastungsgerinne sowie die Wohngebiete am linken Donauufer. Zuletzt blickt man über den Nussberg hinweg auf das Wiener Stadtzentrum. Vor der Leopoldskirche auf dem Gipfel zeigt ein Steinrelief den Umriss Wiens; der Besucher kann das Relief mit dem beeindruckenden Panorama vergleichen. Sehenswert sind auch die an Leopold III. erinnernde Kirche und das Heimkehrerdenkmal. Knapp unter der Anhöhe des Leopoldsberges befindet sich an einem Park-

Blick vom Leopoldsberg auf das nördliche Wien mit Floridsdorf und der Donau-City.

platz die Bushaltestelle der Linie 38 A (Leopoldsberg – Kahlenberg – Grinzing). Gemeinsam mit der Höhenstraße führt ein asphaltierter Fußweg mit rot-grüner Markierung kaum merklich bergab zum Sattel zwischen Leopolds- und Kahlenberg. Dort finden wir die Josefinenhütte (Ghs. Hütte am Weg) vor, die am oberen Rand der Elisabethwiese (Lagermöglichkeit) gelegen ist. Anschließend geht es auf sanft ansteigendem Waldweg zum großen Parkplatz am **Kahlenberg** (Bushaltestelle, Kiosk, Josefskirche, Restaurant, Aussichtsterrasse). Es besteht die Möglichkeit, noch einige Meter bis zum Sender Kahlenberg anzusteigen (kein Ausblick). Gleich daneben liegt auf dem höchsten Punkt die 1887 errichtete und von den Döblinger Naturfreunden betreute **Stephaniewarte**. Sie ist von Anfang Mai bis Ende Oktober an Samstagen von 13 bis 18 Uhr und an Sonn- und Feiertagen von 10 bis 18 Uhr geöffnet. Von der Warte bietet sich ein umfassender Rundblick über Wien, den Wienerwald und bis ins Schneeberggebiet. An klaren Tagen sieht man sogar bis zu den Karpaten. Erwachsene müssen eine Eintrittsgebühr entrichten, Kinder haben freien Zutritt.

Am rechten Ende des lang gestreckten Neubaus auf dem Kahlenberg beginnt der Abstieg auf einem für den öffentlichen Verkehr gesperrten Fahrweg, der uns in Kehren in die Senke zwischen Kahlen- und Nussberg hinabführt (Anschluss an die Variante). Besonders sehenswert ist der alte Friedhof des Josefsdorfes, das wir unterwegs passieren. Vorbei am ehemaligen Ghs. Eiserne Hand geht es auf der gleichnamigen Straße bei zunehmendem Gefälle durch ausgedehnte Weingärten zurück zu unserem Ausgangspunkt im **Kahlenbergerdorf**.

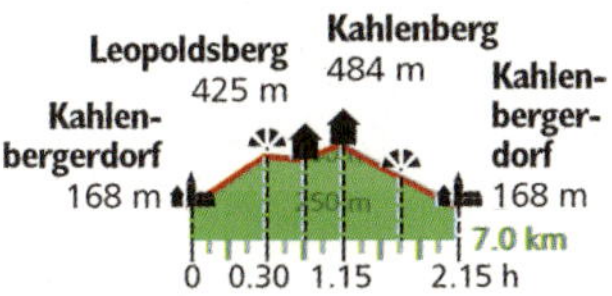

3 Wiener Höhenweg

4.00 Std.

Von Grinzing über den Hermannskogel nach Neuwaldegg

Der Wiener Höhenweg erschließt den Höhenrücken Leopoldsberg – Dreimarkstein im überwiegend unverbauten Grüngürtel der Stadt. Beginnend in Grinzing erklimmen wir zunächst über die vorgeschobene Terrasse am Cobenzl den Hermannskogel und steigen dann über Dreimarkstein und das Hameau nach Neuwaldegg ab. Auf der Anhöhe treffen wir auf zwei bekannte Weitwanderwege, den rot-weiß-rot bezeichneten Wienerwald-Verbindungsweg 444 und den rot-grün markierten Rund-um-Wien-Weg 10. Wer die vorgeschlagene Runde noch erweitern möchte, folgt ab dem Hameau ihren Markierungen.

Ausgangspunkt: Wien-Döbling (19. Bezirk), Ortsteil Grinzing, Cobenzlgasse, 229 m, Endhaltestelle der Straßenbahnlinie 38, Parkmöglichkeit beschränkt vorhanden.
Endpunkt: Wien-Hernals (17. Bezirk), Ortsteil Neuwaldegg, Wendeschleife an der St.-Anna-Kapelle, 248 m, Endstation der Straßenbahnlinie 43. Rückkehr zum Ausgangspunkt mit der Straßenbahn mit Umsteigen am Bahnhof Schottentor.
Höhenunterschied: 340 m im Aufstieg, 320 m im Abstieg.
Anforderungen: Lediglich ein längerer Anstieg von Grinzing auf den Hermannskogel, schöner Höhenweg mit wenig Höhenunterschieden.
Einkehr: Stadtheuriger und Restaurant am Cobenzl, Ghs. Jägerwiese, Grüass Di a Gott Wirt, Häuserl am Roan, Restaurant Sportzentrum Marswiese, Gasthäuser in Neuwaldegg.
Variante: Erweiterung der Wanderung, z. B. durch Beginn im Kahlenbergerdorf und Ende in Mauerbach.
Tipp: Durch die Nutzung der Buslinie 38 A von Grinzing zum Cobenzl wird die Tour wesentlich bequemer.

Unweit der Endstation der Straßenbahnlinie 38 in **Grinzing** sieht man an einem Baum in der Cobenzlgasse die erste Wegtafel des Voralpenweges 04 und die rot-weiß-rote Markierung des Wanderwegs 444. Die rot-weiß-roten Markierungen leiten uns zunächst entlang an den Grinzinger Weingärten und hinauf zum **Cobenzl** (382 m). Dann wandern wir ostwärts um den Latisberg herum und fast eben durch schönen Buchen-Hochwald zur **Jägerwiese** am Fuße des Hermannskogels. Nun geht es entweder über den höchsten Berg Wiens,

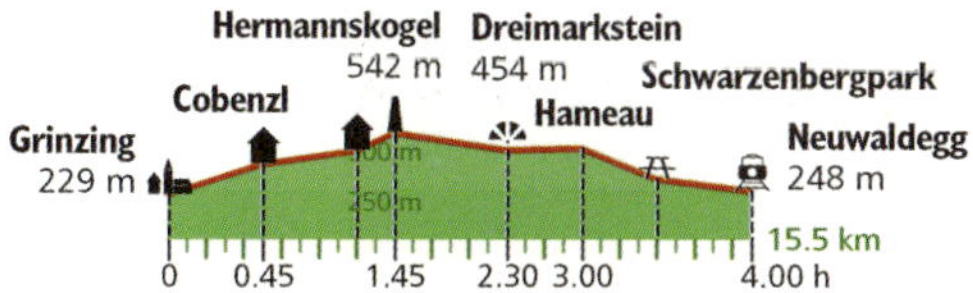

Der Wiener Höhenweg führt Wanderer über die Jägerwiese (oben) unter dem Hermannskogel, sonst aber meist durch den dichten Buchenwald, der für das Gebiet charakteristisch ist (unten).

den 542 m hohen **Hermannskogel**, oder – weitaus bequemer – links um ihn herum weiter zur **Rohrerwiese** mit dem Grüass Di a Gott Wirt. Dahinter steigt der Weg leicht zum **Dreimarkstein** an. Gleich nebenan liegt das Ghs. Häuserl am Roan, von dessen Parkplatz man einen schönen, umfassenden Ausblick auf das Wiener Stadtgebiet hat.

Mit geringen Höhenunterschieden führt uns der weiterhin rot-weiß-rot markierte Weg nun durch prächtigen Buchen-Hochwald zum Hameau (464 m), auch Holländerdörfl genannt. Wer möchte, kann dahinter den Weg auf dem Höhenzug fortsetzen (Variante) und dabei einen Abstecher zum fünf Minuten entfernten Helden-Denkmal machen.

Wer auf kürzestem Weg nach Neuwaldegg absteigen möchte, wechselt indessen von der überregionalen Markierung 444 auf den links talwärts führenden, gelb bezeichneten Wanderweg. Nach kurzem, steilem Abstieg steht man auf der breiten Talsohle des Eckbachtals, gern besuchtes Herzstück des **Schwarzenbergparks** (auch Dornbacher Park). Eine Allee zieht in Richtung Stadtmitte. Vorbei an einem Kiosk und unter der Neuwaldegger Höhenstraße hindurch (rechts befindet sich hier das Sportzentrum Marswiese mit Restaurant) führt sie uns zu den ersten Häusern von **Neuwaldegg**. Nun sind es links haltend nur mehr wenige Meter bis zur Dornbacher Straße. An der St.-Anna-Kapelle befindet sich die Wendeschleife der Straßenbahnlinie 43, die uns von Neuwaldegg zum Schottentor bringt. Dort besteht Anschluss zur Straßenbahnlinie 38, die unseren Ausgangspunkt in Grinzing anfährt.

Von den Höhen des Wienerwalds im Bereich Cobenzl schweift der Blick über die Weinberge hinweg auf das Wiener Stadtgebiet (rechts).

4 Sophienalpe, 477 m

2.30 Std.

Ländliche Stimmung am Rand der Großstadt

Der Stadtwanderweg 8 führt als Rundwanderweg vom Mauerbachtal durch den Baumgartner Wald ins Halterbachtal mit der Rieglerhütte, einer beliebten Ausflugsgaststätte mit Reitmöglichkeit. Nach Überwindung des steilen Anstieges zur Sophienalpe folgt die geruhsame Höhenwanderung zur Mostalm – ein besonders angenehmer Abschnitt: eine autofreie Almregion mitten im Wienerwald. Wer deftige Hausmannskost wünscht, ist in der Mostalm gut aufgehoben.

Ausgangspunkt: Wien-Penzing (14. Bezirk), Ortsteil Vorderhainbach, Mauerbachstraße 47, 249 m, Haltestelle »Kasgraben/ Grüner Jäger« der Buslinien 249 und 250 von Wien-Hütteldorf, gegenüber Parkmöglichkeit.
Höhenunterschied: 290 m.

Anforderungen: Mühsamer, bei Nässe unangenehmer Aufstieg von der Rieglerhütte zur Sophienalpe.
Einkehr: Rieglerhütte, Restaurant Sophienalpe, Mostalm.
Tipp: Kinderspielplätze bei der Mostalm und der Sophienalpe.

Den Weg von der Sophienalpe zur Mostalm säumen weite Wiesen.

Von der Bushaltestelle »Kasgraben/ Grüner Jäger« in **Vorderhainbach** folgt man zunächst der Mauerbachstraße rund 300 m stadteinwärts. Dann zweigt links ein grün und später rot bezeichneter Wanderweg ab, der an einigen interessanten Gedenksteinen vorbeiführt: Gideon-Laudon-Grab, Türkensteine, etwas abseits Dodererstein und Alexander-Laudon-Grab. Der Weg verbindet das Mauerbachtal mit dem **Halterbachtal**, das oberhalb der Jägerwald-Siedlung erreicht ist. Von nun an folgen wir bis auf Weiteres den Holzpfeilen des Stadtwanderwegs 8.
Auf einer leider nicht für den allgemeinen Verkehr gesperrten Straße kommt man links zur **Rieglerhütte** (342 m) mit Pferdekoppel, Spielplatz und Lagerwiese. Von dort geht es im enger werdenden Hahnengraben recht steil empor zur **Sophienalpe**

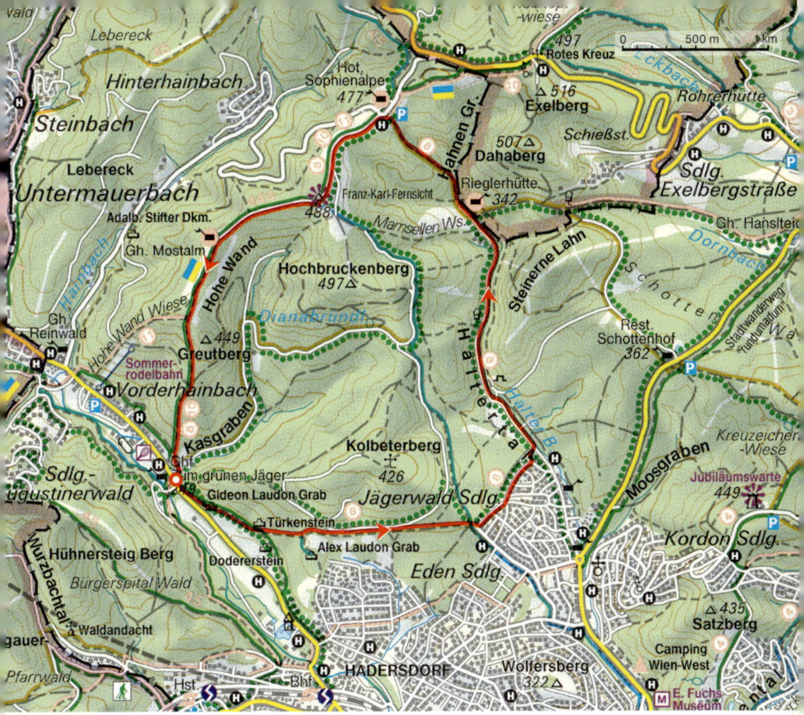

(Restaurant, großer Spiel- und Parkplatz). Das folgende Wegstück zur Mostalm zählt zu den schönsten Abschnitten des sogenannten Wiener Höhenweges zwischen Cobenzl und Mauerbachtal: weite Wiesen, dazwischen Buchen-Hochwald, und kein Autoverkehr! Mit geringem Höhenverlust kommt man zur urigen Mostalm (393 m), die an schönen Wochenenden randvoll besetzt ist. Nur die Hinweise »Betreten der Wiese verboten!« oder »Privatweg« stören ein wenig.

Von der Mostalm gehen wir taleinwärts in Richtung Vorderhainbach. Am Rand der Schwarznettelwiese wandern wir unter einer tiefhängenden Hochspannungsleitung hindurch, die bei Nebel beängstigend summt. Unweit des Greutbergs erreichen wir eine Wegteilung. Wir zweigen links ab und folgen den rot-grünen Markierungen des Rund-um-Wien-Wegs zurück nach **Vorderhainbach**.

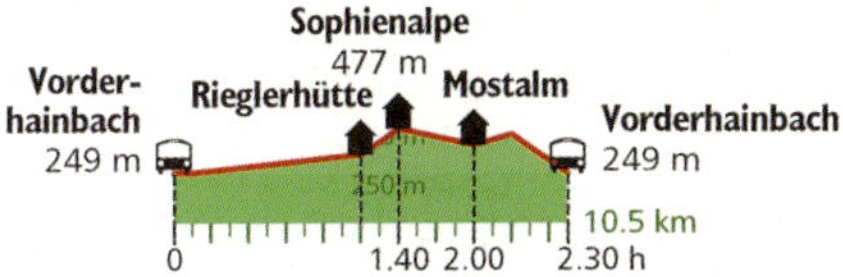

5 Jubiläumswarte, 449 m

2.30 Std.

Aussichtskanzel über den Hängen Wiens

Die steilen Wienerwald-Hänge des Satzbergs und im Bereich der Baumgartner Höhe in Wien-Ottakring wurden zum Leidwesen der Wanderer in den letzten Jahrzehnten völlig verbaut. Dennoch gelang es, einen an Natureindrücken reichen Rundweg zu schaffen: den Stadtwanderweg 4, der durchweg gut mit Holzpfeilen markiert ist. Allein die Aussicht von der Jubiläumswarte, Ziel unserer Wanderung, lohnt die Begehung dieses Rundweges.

Ausgangspunkt: Wien-Penzing (14. Bezirk), Ortsteil Hütteldorf, Linzer Straße 402 (Ecke Rosentalgasse), 218 m, Haltestelle »Rettichgasse« der Straßenbahnlinie 49, beschränkte Parkmöglichkeiten.
Höhenunterschied: 240 m.
Anforderungen: Wenig anstrengende Wanderung.

Einkehr: Kleines Schutzhaus Rosental.
Varianten: 1. Erweiterung der Wanderung zum Heuberg und/oder 2. zum Wilhelminenberg (verschiedene Forschungsinstitute und Schloss).
Tipp: Sehenswert ist der naturwaldartige Dehnepark mit Arboretum und mehreren Lager- und Spielwiesen am Weg.

In **Hütteldorf** geht es von der Straßenbahnhaltestelle der Linie 49 zunächst in die Rosentalgasse, dann entweder durch die Dehnegasse und den Dehnepark (Stadtwanderweg 4) oder – kürzer – durch die Steinböckengasse hinauf auf den **Satzberg** (435 m). Die Wickengasse und der Seglerweg führen uns an den Siedlungsrand, wo der Gemeindewald beginnt. Unweit davon befindet sich auf der sogenannten Vogeltennwiese die 31 m hohe **Jubiläumswarte**. Sie kann frei bestiegen werden, lediglich im Winter ist sie gesperrt. Der Ausblick umfasst den angrenzenden Wienerwald und das östliche Stadtgebiet, bei guter Fernsicht reicht er bis zum Schneeberg, den Hainburger Bergen und dem Leithagebirge. Die erste Warte an dieser Stelle – ein Holzturm – wurde im Jahr 1898 anlässlich des 50-jährigen Re-

Fernblick von der Jubiläumswarte, einem beliebten Aussichtspunkt hoch über Wiental und Satzberg.

gierungsjubiläums von Kaiser Franz Joseph I. als »Kaiser-Jubiläums-Warte« errichtet. Die aktuelle Warte aus Beton stammt aus den Jahren 1955/56.
Auf dem sogenannten Pelzer Rennweg wandern wir weiter zur **Kreuzeichenwiese**, einer lang gestreckten Lagerwiese der Gemeinde Wien. Hier ist der nördlichste Punkt der Wanderung erreicht (Anschluss der Variante 1). Eine blaue Markierung leitet uns nun rechts zum **Gallitzinberg** (388 m, eingezäuntes Areal mit Tempel), der auch Wilhelminenberg genannt wird. Der Abstecher zum gleichnamigen Schloss (Variante 2) folgt einem Naturlehrpfad und nimmt nur wenige Minuten in Anspruch. Anschließend bringt uns der Stadtwanderweg 4 wieder an den Siedlungsrand und durch die Loiblstraße und den Kleibersteig ins sogenannte **Rosental**, wo wir am Kleinen Schutzhaus (Einkehr) vorbei in den **Dehnepark** kommen. Der Park war lange Zeit Privatbesitz des bekannten Filmregisseurs Willy Forst. 1973 wurde er von der Stadt gekauft und der Öffentlichkeit zugänglich gemacht. Durch die Dehne- und die Rosentalgasse, die wir schon vom Beginn der Wanderung kennen, geht es zurück zum Ausgangspunkt in der Linzer Straße in **Hütteldorf**.

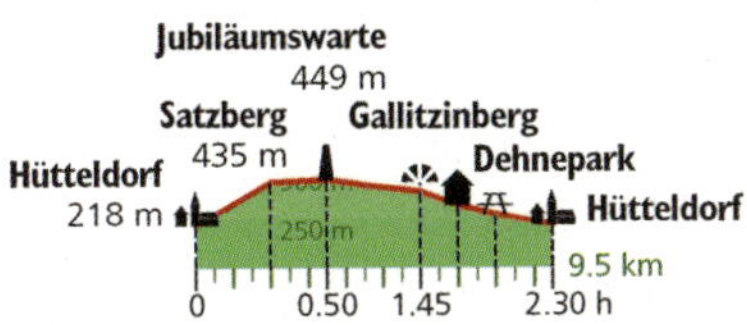

6 Buchberg bei Purkersdorf, 465 m

1.15 Std.

Von Vorderhainbach über den Buchberg nach Purkersdorf

Im Wienerwald gibt es viele Buchberge: westlich und nördlich von Purkersdorf, südlich von Alland, bei Klosterneuburg und bei Neulengbach. Die weite Verbreitung des Namens geht auf die Tatsache zurück, dass die Buche die vorherrschende Baumart im Wienerwald ist. Im Gegensatz zu jenen Langstreckenwanderern, die »unseren« Buchberg im Rahmen großzügiger Tagesmärsche lediglich überschreiten (Wege 444 und 45), wird der Wanderer, der sich auf die hier vorgeschlagene Kurztour beschränkt, ein bescheidenes Gebiet abseits der Moderouten kennenlernen. Einziger Wermutstropfen: Das Gasthaus am Buchberg ist seit langer Zeit schon dem Verfall preisgegeben.

Ausgangspunkt: Wien-Penzing (14. Bezirk), Ortsteil Vorderhainbach, Mauerbachstraße 47, 249 m, Haltestelle »Kasgraben/Grüner Jäger« der Buslinien 249 und 250 von Wien-Hütteldorf, gegenüber Parkplatz.
Endpunkt: Purkersdorf bei Wien, Bahnhof Purkersdorf Zentrum, 248 m, Rückkehr zum Ausgangspunkt mit S-Bahn und Bus, Umsteigen in Wien-Hütteldorf.
Höhenunterschied: 220 m.
Anforderungen: Sehr steiler Anstieg auf den Buchberg – wahlweise Asphaltstraße oder Waldweg (bei Nässe unangenehm).
Einkehr: Unterwegs keine; Gasthäuser in Purkersdorf, Ghs. an der Bahnhaltestelle Hadersdorf-Weidlingau (Variante).
Variante: Von Hadersdorf-Weidlingau auf den Buchberg oder vom Buchberg dorthin hinab, Rückkehr von oder nach Vorderhainbach auf dem Talweg, S-Bahn-Anschluss an Purkersdorf und Wien-Hütteldorf.
Tipp: Sternwanderung (der Buchberg ist von Mauerbach, Gablitz, Purkersdorf, Hadersdorf-Weidlingau und Vorderhainbach gleichermaßen gut zu erreichen).

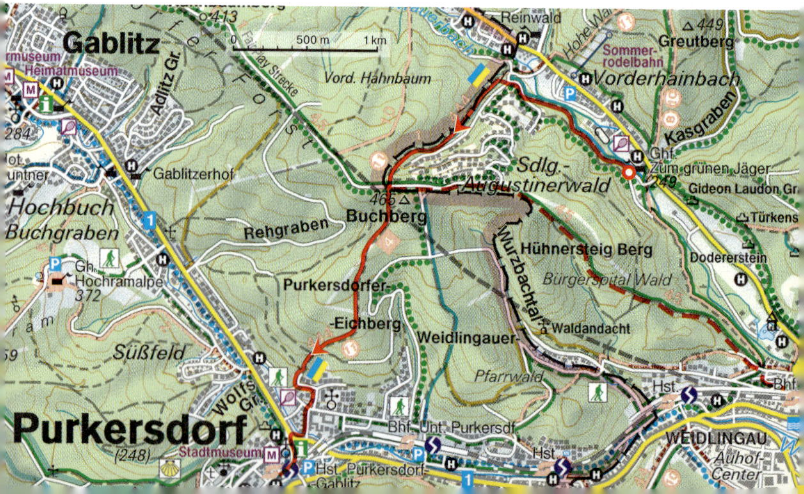

Auf Buch- und Eichberg führt uns der Weg immer wieder durch weitgehend naturbelassene Waldgebiete

Das Zentrum von Purkersdorf erstrahlt seit dem Bau der Umgehungsstraße in neuem Glanz.

Von **Vorderhainbach** führt ein grün bezeichneter Talweg nach **Hainbach**, wo man auf die rot-weiß-rote Bezeichnung des Weges 444 stößt. Mit ihr geht es zunächst auf der Hannbaumstraße hinauf (führt ebenfalls zum Buchberg, alter Weg 444), bald aber rechts auf einem Waldweg weiter empor. Knapp über dem Siedlungsrand haben wir den **Buchberg** erreicht. Am Kreuzungspunkt mit dem von Hadersdorf-Weidlingau kommenden Touristenweg befindet sich die Selbstkontrollstelle zweier Wienerwald-Wege, an der Wanderkarteninhaber die Begehung mit einem Stempel dokumentieren können.

Fast eben wird in der Folge auf dem rot-weiß-rot markierten und mit der Zahl 444 versehenen Weg die Kuppe des **Eichbergs** (410 m) überschritten. Hier stoßen mehrere Gemeindegrenzen aneinander, nämlich die von Wien, Purkersdorf, Gablitz und Mauerbach. Teils verwachsen wendet sich der Weg nun dem Wiental zu. Durch Buchenwald steigt man zum Siedlungsrand von **Purkersdorf** ab. Sehr steil geht es zur viel befahrenen Wiener Straße, die den neu gestalteten Ortskern von Purkersdorf entlastet. Jenseits der Straße befinden sich der Hauptplatz und der **Bahnhof Purkersdorf-Zentrum**, Endpunkt unserer Buchberg-Überschreitung.

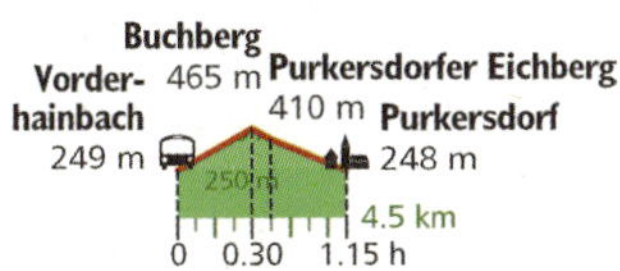

7

Schöffelstein, 366 m, und Laaber-Steig-Sattel, 452 m

2.45 Std.

Zum Gedenken an Josef Schöffel, »Retter des Wienerwaldes«

Josef Schöffel (1832–1910) war Journalist, Politiker, Heimat- und Naturschützer. Er wurde als »Retter des Wienerwaldes« bekannt, weil er 1870–1872 durch seine Beiträge im Neuen Wiener Tagblatt und in der Deutschen Zeitung die Abholzung eines großen Teils des Wienerwalds verhinderte. In der Folge trachteten einige nach seinem Leben, von den Behörden wurde er wegen »Herabwürdigung von Verfügungen« angeklagt, dann aber freigesprochen. Schöffels Leitsatz war: »Ich wünsche mir nur, dass, wenn der Wienerwald, was nicht unmöglich ist, wieder einmal von Spekulanten bedroht werden sollte, sich zur rechten Zeit ein Mann finde, der denselben mit Erfolg verteidigt.« Die Erhebung, die zum Gedenken seinen Namen trägt, erkunden wir im Rahmen einer gemütlichen Waldwanderung.

Ausgangspunkt: Purkersdorf bei Wien, Bahnhof Purkersdorf Zentrum, 248 m, S- und Regionalbahn vom Wiener Westbahnhof, Parkmöglichkeiten.
Endpunkt: Laab im Walde, Hauptstraße, 316 m, Haltestelle der Buslinie 253 nach Wien-Liesing, Rückkehr zum Ausgangspunkt von Wien-Liesing mit der S-Bahn.
Höhenunterschied: 300 m im Auf- und 230 m im Abstieg.
Anforderungen: Gemütlicher Serpentinenanstieg auf den Schöffelstein, oft rutschiger Anstieg am Laaber Steig.
Einkehr: Unterwegs keine; Gasthäuser in Purkersdorf und Laab im Walde.
Variante: Abstecher zur Aussichtswarte auf der Rudolfshöhe.
Tipp: Sehenswerte Kirche in Laab im Walde, in der Nähe Lainzer Tiergarten (Laaber Tor).

An der Bahnhaltestelle in **Purkersdorf** nehmen uns die rot-weiß-roten Markierungen des Wienerwald-Verbindungsweges 444 auf, die uns bis zum Ende dieser Tour begleiten werden. Zunächst geht es über eine Fußgängerbrücke, die den Wienfluss überspannt. Nach Queren der Bundesstraße beginnt an einem kleinen Brunnen der Anstieg zum Schöffelstein. In weit ausholenden Kehren gewinnt man rasch an Höhe. Am höchsten Punkt des **Schöffelsteins**, der rundum von Wald umgeben ist

Das Schöffel-Denkmal auf dem Schöffelstein.

(kaum Aussicht), stoßen wir auf das Denkmal, das zur Erinnerung an Josef Schöffel, den Wienerwald-Retter, errichtet wurde. Außerdem befinden sich auf der Anhöhe eine Bank und ein Selbstkontrollkästchen mit Stempelmöglichkeit für Wertungswanderer, in der Nähe ist eine Funkstation.

Nun führt uns der Weg 444 in den **Naturpark Sandstein-Wienerwald**. In der nächsten Einsattelung (Unterstandshütte, Wegweiser) besteht die Möglichkeit, ohne großen Höhenunterschied rot bezeichnet zur Rudolfshöhe mit Aussichtswarte anzusteigen. Wir aber halten uns rechts, folgen den 444-Zeichen und gehen auf einem Naturlehrpfad vorbei an einem Wildschweingehege zum **Naturparkzentrum** im Siedlungsgebiet von Deutschwald. Jährlich kann hier die Ausweitung der Besiedlung beobachtet werden. Noch ist es möglich, von Deutschwald auf einem Waldweg in die Siedlung **Baunzen** zu kommen, aber wie lange noch? Von der Siedlung Baunzen geht es durch die Autobahn-Unterführung und danach bei steter Steigung auf den Laaber-Steig-Berg. Ziemlich direkt und bei Nässe durch Laub mühsam wird der **Laaber-Steig-Sattel** (452 m, Unterstandshütte) erreicht. Nun fällt der Weg ein letztes Mal ab; sanft wandern wir durch Buchenwald zu einer Forststraße, die uns schließlich über Felder nach **Laab im Walde** bringt, wo sich Gelegenheit zur Einkehr bietet und ein Bus ins Wiener Stadtgebiet verkehrt.

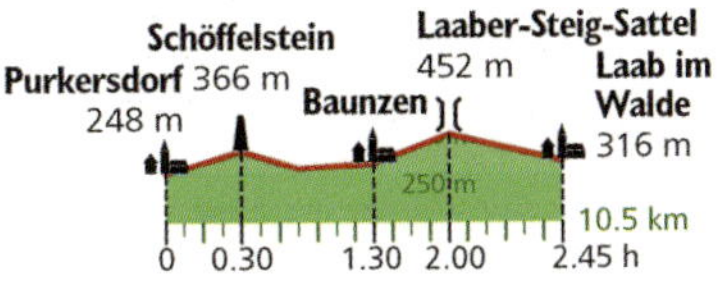

8 Rund um den Lainzer Tiergarten

6.15 Std.

Aussichtsreich entlang der Außenmauer

Zunächst erscheint es widersinnig, den 25 km² großen Lainzer Tiergarten außen an seiner 24 km langen Steinmauer zu umrunden. Doch die Ausblicke von Dreihufeisenberg und Himmelhof und die Ruhe in den umliegenden Wäldern machen die Tour zu einer überaus lohnenden Strapaze.

Ausgangspunkt: Wien-Penzing (14. Bezirk), Ortsteil Hütteldorf-Hacking, U- und S-Bahnhof Hütteldorf, 218 m, Parkplätze im Bahnhofsbereich.
Höhenunterschied: 400 m.
Anforderungen: Der lange Anstieg auf den Dreihufeisenberg erfordert Ausdauer, sonst kleinere Auf- und Abstiege.
Einkehr: Gasthäuser in Laab im Walde und in Hütteldorf-Hacking, Ghs. Zur Schießstätte in Mauer, Hermesvilla (alle etwas abseits der Route).
Varianten: 1. Abstecher zur Rudolfshöhe, 2. Durchquerung des Lainzer Tiergartens vom Laaber Tor zurück nach Hütteldorf. Zweiteilung der Tour in Laab im Walde möglich (Bus 253 m nach Wien-Liesing, dort Anschluss an die S-Bahn).
Tipp: Besuch des Lainzer Tiergartens (vgl. Tour 9). Die Hermesvilla, die der Kaiser Franz Joseph I. von Österreich der Kaiserin Elisabeth (Sisi) verehrte, ist vom Lainzer Tor aus ganzjährig erreichbar.

Eine Fußgängerbrücke überquert vom **Bahnhof Hütteldorf** den Wienfluss und die Wiener Westeinfahrt (Hadikgasse/Hackinger Kai) im Ortsteil **Hacking**. Zuerst entlang schalldämpfender Glaswände, dann vorbei am Umspannwerk West geht man in Richtung **Auhof**. Die Revitalisierungsmaßnahmen im Wien-Flussbett sind hier noch gut erkennbar, desgleichen die Folgen der mittlerweile abgeschlossenen Bauarbeiten am sogenannten Wildschweintunnel der neuen Westbahnstrecke, die unter dem Lainzer Tiergarten hindurch zum Wiener Hauptbahnhof führt. Zu unserer Linken befindet sich stets die Steinmauer des Lainzer Tiergartens. Sie wurde 1782–1787 unter Kaiser

HADERSDORF
Wolfersberg
322
Wien-West
E. Fuchs Museum
Rosental
Dehnepark
Sozial-Baum
WEIDLINGAU
Auhof-Center
Wien
Mariabrunn
226
Wolf in der Au
223
HÜTTELDORF
218
Hütteldorfer Bad
Mühlberg
WIEN/AUHOF Autobahnstat.
A1
Staubecken
Pulverstampftor
Bischofwiese
Rotwasser
Auhof
Nikolai Tor
G. Hanappi Stadion
U4
Naturlehrpfad
Bischofstadl
Johannser Wald
Teichwiese
Schallautzer Gr.
HACKING
Deutschordens-Wald
Himmelhof
Hagenberg
406
Lainzer Tunnel (2012)
Johannserkogel
377
Stadtwanderweg "rundumadum"
234
OBER-ST.
Lainzer
Adolf Tor
Laurenzer Wald
Roter Berg
269
Wienerblick
434
Baderwiese
288
Brandberg
Rohrhaus
404
Schotten Wald
St. Veiter Tor
Tiergarten
Katzen Gr.
Hörndlwald
303
Hornaus Kogel
500
407
Hermes Villa
Hubertuswarte
508
Waldlehrpfad
Friedensstadt
Hirschgstemm
Kaltbründlberg
Vösendorfer Gr.
Lainzer Tor
Jh. Teichhaus
Lainzer B.
Kaltbründl Wiese
Hohenauer Wiese
Mittl. Eichberg
Inzersdorfer Wald
Faßlwiese
Kaiserzipf
Maurer Wald
Kl. Eichberg
Lainzer Tiergarten Strecke
Wilderberg
Faßlberg
Gh. Schießstätte
Gütenbach Tor
422
363
MAUER
245
Kaufberg
2. Wr. Hochquellenltg.
356
Wotruba Kirche
Antonshöhe
Hinterer-
Jägerhaus
Eichwiese
Pappelteich
330
In der Klause
Frankental
Gütenbach
Kalksburger Grat
Eigenheim
Dorotheer Wald
KALKSBURG
0
500 m
1 km

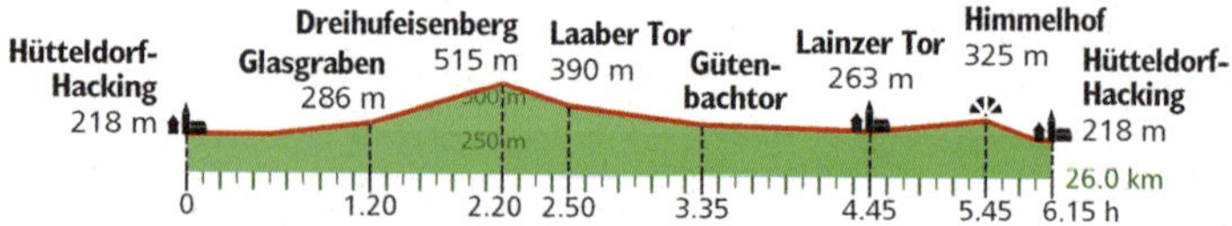

Blick vom Weg an der Außenmauer des Lainzer Tiergartens in ein Wildschweingehege im Inneren der Anlage.

Unbedingt empfehlenswert: der Abstecher zur Hermesvilla auf dem Tiergartengelände (Tipp).

Josef II. errichtet und begrenzte bis 1918 das kaiserliche Jagdgebiet. Vor **Weidlingau** wird die Autobahn A 1 unterquert. Holzpfeile mit der Aufschrift »Rund um den Lainzer Tiergarten« der Naturfreunde weisen den Weg links um die Stadt des Kindes, einstmals Heim für gefährdete Kinder und Jugendliche und eines der wichtigsten pädagogischen und architektonischen Vorzeigeprojekte der Stadt Wien in den 1960er Jahren. Die Mühlberg- und später die Leischinggasse führen uns vom Weidlingauer Siedlungsrand durch den **Glasgraben** zurück zur Autobahntrasse (unterwegs Anschluss von Variante 1), die nun überschritten wird. Kurz danach treffen wir wieder auf die Tiergartenmauer, der wir rechts bis zum **Dreihufeisenberg** (515 m) folgen. Das letzte, direkte Stück des Anstiegs ist sehr mühsam. Anschließend steigen wir auf dem »Rund um den Lainzer Tiergarten«-Weg zum Laaber Tor ab, wo wir auf eine Landstraße treffen, die rechts nach Laab im Walde führt (Einkehrmöglichkeit, Bushaltestelle).
Beim **Laaber Tor** könnte der Tiergarten betreten und über Hirschgstemm und Rohrhaus zurück nach Hacking gewandert werden (Variante 2). Wir aber nehmen den längeren Weg, der uns weiter an der Außenmauer entlangführt. Zwischen Laaber und Gütenbachtor begleitet uns die II. Wiener

Bei einer Durchquerung des Lainzer Tiergartens (Variante) erwarten uns bequeme Spazierwege sowie Freiflächen, Spielplätze und Einkehrmöglichkeiten.

Hochquellenwasserleitung mit ihren Aquädukten und der gut erkennbar markierten Trasse. Hier sind nur wenige Menschen unterwegs, erst im Bereich des **Gütenbachtors** wird es wieder lebendig: Mountainbiker, Wanderer und Autotouristen nützen die günstige Anfahrt von Wien-Liesing/Kalksburg. Vor der ehemaligen Gastwirtschaft Jägerhaus steigt der Weg an und überschreitet die Waldkuppe im Gebiet **Wilder Berg**. Eine Hinweistafel zeigt den Zugang zum Ghs. Zur Schießstätte, das etwas abseits unserer Wanderstrecke gelegen ist. Bis unmittelbar an die Mauer dehnt sich die Stadt Wien auf diesem Teilstück des Rundwegs aus. Die Holzpfeile des TVN-Weges »Rund um den Lainzer Tiergarten« und die rot-weiß-roten Farbzeichen des Wienerwald-Rundwanderweges 44 ermöglichen jedoch ein relativ problemloses Schließen der Umrundung.
Vorbei am **Lainzer Tor**, durch den Hörndlwald, vorbei am St. Veiter Tor und dem seit Jahren geschlossenen Adolfstor, bleibt man stets in Sichtweite der Mauer, wobei immer wieder Ausblicke auf die westlichen Stadtteile Wiens möglich sind. Beim Fernsehsender **Himmelhof** (prächtige Aussicht auf das Wiental und die Wienerwald-Ausläufer) schließt die Markwardstiege die Umrundung; sie führt direkt und sehr steil nach **Hacking** hinunter. Die Erzbischof- und Lilienberggasse bringen uns schließlich zur Fußgängerbrücke und zum Ausgangspunkt **Bahnhof Hütteldorf** zurück.

9 Lainzer Tiergarten

3.00 Std.

Zur Hubertuswarte auf dem Kaltbründlberg

Im Naturschutzgebiet Lainzer Tiergarten finden wir noch den ursprünglichen Baumbestand (Buche, Eiche) vor, der im übrigen Wienerwald bereits stark zurückgedrängt wurde. Wildschwein, Reh und Hirsch bevölkern das Terrain. Gehege mit rückgezüchteten Wildpferden und Auerochsen sowie ein großer Teich mit Wasservögeln sind weitere Attraktionen, und das bei freiem Eintritt! Für ausgedehnte Wanderungen wurden breite, zum Teil asphaltierte Wege angelegt, und mehrere Schutzhäuser sorgen für das leibliche Wohl.

Die steinerne Hubertuswarte auf dem Kaltbründlberg ist ein ausgezeichneter Aussichtspunkt.

Ausgangspunkt: Wien-Hietzing (13. Bezirk), Ortsteil Speising, Lainzer Tor/Hermesstraße, 263 m, Endhaltestelle der Buslinie 60 B, Parkplatz.

Höhenunterschied: 250 m.

Anforderungen: Wenig anstrengende Wanderung auf verkehrsfreien Forststraßen und -wegen.

Einkehr: Hermesvilla, Rohrhaus und Hirschgstemm.

Tipp: Prächtiger Ausblick von der Hubertuswarte am Kaltbründlberg

Hinweis: Im Lainzer Tiergarten ist der Eintritt frei! Es bestehen aber saisonale Sperren. Der Bereich Hermesvilla ist ganzjährig geöffnet. Die Öffnungs- und Schließzeiten richten sich nach der Tageslänge. Für Ausstellungen in der Hermesvilla ist Eintritt zu bezahlen. Auskünfte unter Tel. 0043 (0)1/400049200, www.lainzer-tiergarten.at oder im Besucherzentrum Lainzer Tiergarten beim Lainzer Tor.

Vom **Lainzer Tor** (Informationsstelle mit Dauerausstellung) gibt es zwei beschilderte Wege zur **Hermesvilla**, einem ehemaligen kaiserlichen Jagdschloss, in dem heute eine Außenstelle des Wien-Museums und ein Restaurant untergebracht sind: entweder geradeaus, an den Freigehegen und dem großen Teich vorbei, oder rechts, um die Penzinger Wiese herum. Der gesamte weitere Wegverlauf ist mit Holztafeln beschildert. Es

Im Rohrhaus, einer gemütlichen Einkehr im Lainzer Tiergarten, kann man sich ein letztes Mal für den Aufstieg auf den Kaltbründlberg stärken.

geht rechts vom Gebäude auf einem bequemen Fahr- bzw. Fußweg durch den Katzengraben zum **Rohrhaus** (404 m) mit großer Lager- und Spielwiese. Anschließend folgen wir dem Weg links hinauf zum zweithöchsten Berg des Lainzer Tiergartens, dem **Kaltbründlberg**. Von der steinernen Hubertuswarte hat man einen weiten Blick auf Wien. Holzschilder weisen uns den Abstiegsweg zum Ghs. **Hirschgstemm** (407 m). Hier folgen wir zunächst dem Fahrweg in Richtung Altes Dianator, zweigen aber im Bereich der Dianawiese links auf die Bärenbergstraße ab, die uns in einer weiten Schleife zur ausgedehnten Wiesenfläche bei der **Elisabethbrücke** hinunterbringt. Hier beginnt links ein Fahrweg, der die Hänge des Kaltbründlberges leicht absteigend quert und die Schließung der Rundtour ermöglicht. Vorbei am großen **Teich nahe der Hermesvilla** kommt man schließlich wieder zum **Lainzer Tor**.

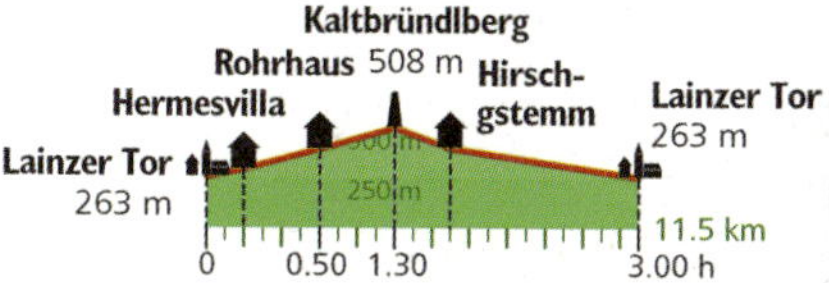

10 Zugberg, 305 m, und Antonshöhe, 356 m

3.30 Std.

Höhenwege über dem Tal der Reichen Liesing

Der Höhenweg von Rodaun zur Wiener Hütte zählt zu den schönsten Wienerwald-Wanderwegen. Mühelos gewinnt man hier an Höhe und wandert schließlich auf bewaldetem Rücken über dem Tal der Reichen Liesing entlang. Die nördliche Schleife ermöglicht den Besuch des Lainzer Tiergartens. Nicht minder interessant sind das sogenannte Waldklassenzimmer, ein Naturlehrpfad bei der Schießstätte, und die Kirche zur Heiligsten Dreifaltigkeit (Wotrubakirche) am Georgenberg.

Ausgangspunkt: Wien-Liesing (23. Bezirk), Ortsteil Rodaun, Ketzergasse 439, 266 m, Wendeschleife der Straßenbahnlinie 60, Parkmöglichkeit in der Ketzergasse.
Höhenunterschied: 260 m.
Anforderungen: Wenig anstrengend, auch bei Nässe gut begehbar.

Einkehr: Buffet an der Enhaltestelle der Straßenbahnlinie 60 in Rodaun, Wiener Hütte, Ghs. Zur Schießstätte.
Tipp: Besuch des Lainzer Tiergartens (Gütenbachtor, Öffnungszeiten beachten!), beliebte Kletterfelsen (Mizzi-Langer-Wand) am Zugberg, sehenswerte Wotrubakirche am Georgenberg.

Von der 60er-Kehrschleife in **Rodaun** (Buffet) geht es durch die Ketzergasse zur Pfarrkirche. Von hier bringt uns die Willergasse zum Waldrand unterhalb des **Zugbergs**. Grün bezeichnet steigen wir auf den Gipfel – in der Flanke

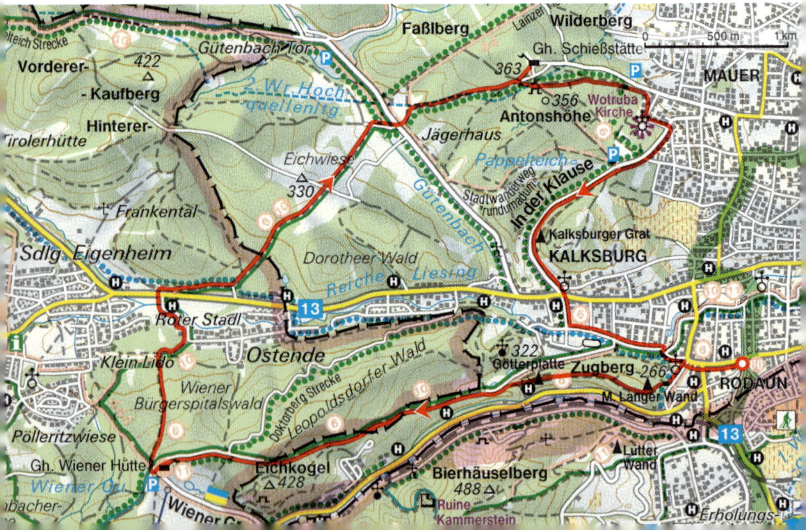

Ein herrlicher Höhenweg erschließt die östlichen Ausläufer des Wienerwaldes, die in unmittelbarer Nähe von Wien-Rodaun zu finden sind.

etwas südwärts befindet sich die Mizzi-Langer-Wand – und wandern dann stets dem Höhenrücken folgend zur **Wiener Hütte** (379 m, große Wiese, Spielplatz). Mit den rotweiß-roten Zeichen des Wienerwald-Verbindungsweges steigen wir auf die Anhöhe zwischen Kaltenleutgeben und Breitenfurt und anschließend wieder hinab bis zum Wasserreservoir. Rechts haltend (rot-grüne Bezeichnung, Holzpfeile Stadtwanderweg 6) geht es zur Bushaltestelle »Roter Stadl« in **Breitenfurt**.

Nach Überqueren der Breitenfurter Straße steigt man im Wald erneut an und kommt zur aussichtsreichen **Eichwiese**. Dahinter fällt der Weg sanft zur ehemaligen Gastwirtschaft Jägerhaus im Gütenbachtal ab (Straße endet beim Gütenbachtor, Besuch des Lainzer Tiergartens möglich). Der II. Wiener Hochquellenwasserleitung (weiß getünchte Steine) folgen wir rechts zur **Antonshöhe** (356 m). Im Bereich der Schießstätte (Ghs.) wurde ein Naturlehrpfad mit dem sogenannten **Waldklassenzimmer** angelegt.

Über die Maurer Lange Gasse und die Georgsgasse ist die bekannte **Wotrubakirche** am Georgenberg zu erreichen. Vorbei am kleinen Pappelteich steigt man von dort ins Tal der Reichen Liesing ab. In **Kalksburg** stoßen wir auf die Breitenfurter Straße. Schräg vis-à-vis geht es auf der Mackgasse weiter. Auf dem Promenadenweg kommen wir zur Ketzergasse, auf die wir rechts abzweigen. Unweit des Rodauner Kirchenplatzes erreichen wir den Ausgangspunkt unserer Wanderung, die Endhaltestelle der Straßenbahnlinie 60 in **Rodaun**.

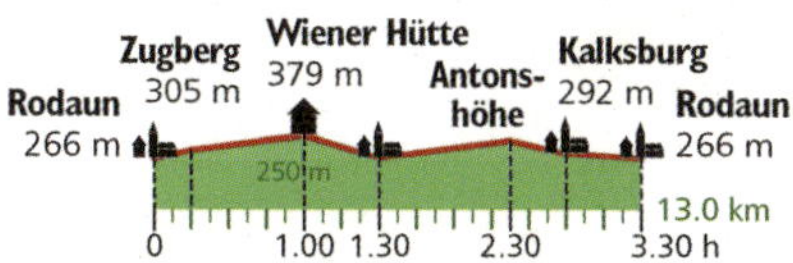

11 Höllenstein, 645 m

4.00 Std.

Auf der Liechtenstein-Höhenstraße durch den Naturpark Föhrenberge

Herzstück des Naturparks Föhrenberge ist der Höhenzug zwischen Parapluiberg und Höllenstein, erschlossen durch die für den Verkehr gesperrte Liechtenstein-Höhenstraße. Hier, am Rande Wiens, enden nicht nur die Alpen, sondern auch drei große Wanderwege: der Nordalpenweg 01, der Mariazeller Weg 06 und der Voralpenweg 04.

Ausgangspunkt: Wien-Liesing (23. Bezirk), Ortsteil Rodaun, Ketzergasse 439, 266 m, Wendeschleife der Straßenbahnlinie 60, Parkmöglichkeit in der Ketzergasse.

Endpunkt: Kaltenleutgeben, Siegl-Siedlung, 370 m, Haltestelle der Buslinie 255, die uns in Fahrtrichtung Wien-Liesing zurück zum Ausgangspunkt bringt.

Höhenunterschied: 450 m im Auf- und 350 m im Abstieg.

Anforderungen: Lediglich ein langer, mühsamer Aufstieg von Rodaun zum Parapluiberg, die Aufstiege zur Kammersteiner Hütte und zum Höllenstein können bei Bedarf umgangen werden.

Einkehr: Franz-Ferdinand-Schutzhaus, Kammersteiner Hütte, Ghs. Kugelwiese (Salzstanglwirt), Ghs. Seewiese, Höllensteinhaus, Teufelsteinhütte (etwas abseits des Weges, nur zeitweise bew.), Ghs. in Kaltenleutgeben.

Variante: Vom Kreuzsattel Abstieg vorbei an Burg Wildegg (Bildungszentrum) nach Sittendorf, 370 m, Bushaltestelle der Linie 364. Rückkehr nach Wien nur mit tlw. mehrfachem Umsteigen möglich, sonntags keine Anbindung mit öffentlichen Verkehrsmitteln.

Tipp: Flora der Perchtoldsdorfer Heide im Anstieg von Rodaun auf den Bierhäuselberg (seltene Pflanzen wie beispielsweise Kuhschellen und rare Orchideenarten wie Frauenschuh und Knabenkraut), weite, lohnende Ausblicke von der Josefswarte bei der Kammersteiner Hütte sowie vom Julienturm neben dem Höllensteinhaus.

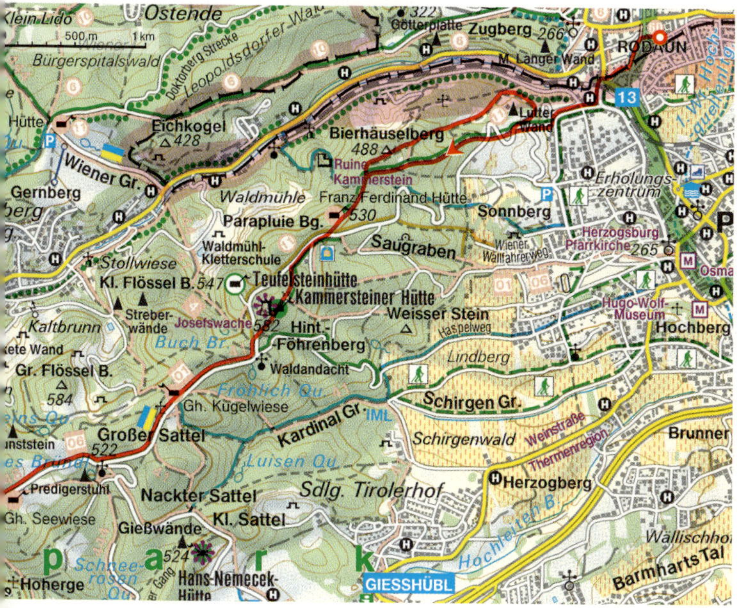

Diese Route verläuft größtenteils auf der Liechtenstein-Höhenstraße, die man von **Rodaun** (Endhaltestelle der Straßenbahnlinie 60) den rot-weiß-roten Bezeichnungen des Wiener Wallfahrerwegs folgend über die Schillerpromenade, die Hochstraße, die Scholaugasse, die Dr.-Gorlitzer-Gasse und den Sonnberg erreicht. Im Aufstieg zum **Bierhäuselberg** (488 m) hat man über die freien Wiesenhänge einen umfassenden Blick auf Wien. Steinig und steil geht es dann weiterhin grün bezeichnet zum Franz-Ferdinand-Schutzhaus am **Parapluiberg** (530 m, auch Vorderer Föhrenberg) empor, das an einem selten schönen und aussichtsreichen Platz erbaut worden ist. Der Hauptanstieg ist damit überwunden, die breite, verkehrsfreie Höhenstraße, die erst grün und dann rot bezeichnet ist, leitet uns nun gemächlich über den auch Höllensteinzug genannten Rücken der Föhrenberge.
Obwohl man den Hinteren Föhrenberg auf der Höhenstraße umgehen könnte, empfiehlt sich die Überschreitung (grün bezeichnet, Abzweig am Hinweisschild »Kammersteiner Hütte«) des Gipfels mit der gemütlichen **Kammersteiner Hütte** (582 m) und der aussichtsreichen Josefswarte, die an klaren Tagen den Fernblick bis zum Schneeberg zulässt. Weiter der grünen Bezeichnung folgend geht es von dort zurück zur Höhenstraße, die uns im

Die Perchtoldsdorfer Heide steht unter Naturschutz.

Anschluss rot markiert fast eben zum **Ghs. Kugelwiese** (Salzstanglwirt) hinüber führt. Ein ganzes Stück hinter dem Ghs. mündet die Gießhübler Stichstraße ein. Vorbei am **Ghs. Seewiese** kommen wir zur höchsten Erhebung des Höhenzuges, dem **Höllenstein**, der auf dem Fahrweg zum neu errichteten Höllensteinhaus (Hinweistafeln »Höllensteinhaus«) erreicht wird. Die Aussicht vom angrenzenden **Julienturm** ist ebenfalls beachtlich. Wer den Anstieg dennoch nicht auf sich nehmen will, bleibt einfach auf der Liechtenstein-Höhenstraße und geht geradeaus weiter zum Kreuzsattel.

Vom Höllenstein führt uns ein gelb bezeichneter Weg zum Kreuzsattel, wo uns zwei Abstiegsmöglichkeiten offen stehen: Rechts geht es auf der Hauptroute zur Siegl-Siedlung in **Kaltenleutgeben**, links zweigt die Variante ab, die uns an Burg Wildegg (heute in Privatbesitz) vorbei hinunter nach Sittendorf führt.

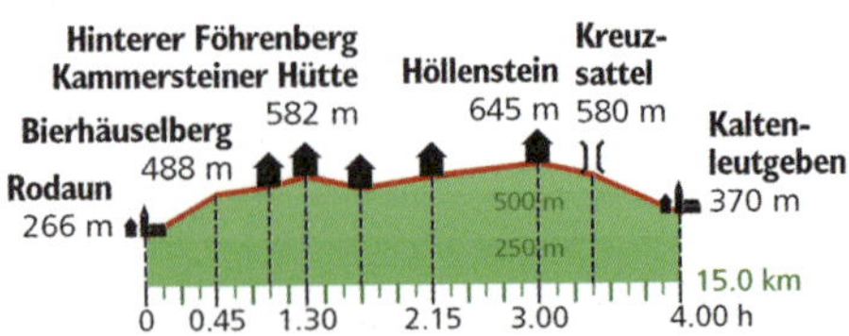

2.45 Std.

Hinterer Föhrenberg, 582 m

12

Von Perchtoldsdorf auf den Hinteren Föhrenberg

Das im Volksmund liebevoll »Petersdorf« genannte Perchtoldsdorf ist nicht nur ein bekannter Heurigenort, sondern Ausgangspunkt ausgedehnter Wanderungen im Naturpark Föhrenberge. Die gute Verkehrsanbindung macht Perchtoldsdorf zu einem der beliebteren Ziele für Wienerwald-Ausflügler.

Ausgangspunkt: Perchtoldsdorf, Marktplatz, 265 m, Haltestellen der Buslinien 256 von Wien-Liesing und 258 vom S-Bahnhof Perchtoldsdorf, beschränkte Parkmöglichkeit.
Höhenunterschied: 330 m.
Anforderungen: Mühsamer Anstieg zum Hinteren Föhrenberg.
Einkehr: Kammersteiner Hütte, Ghs. Kugelwiese (Salzstanglwirt), mehrere Gasthäuser und Heurige in Perchtoldsdorf.
Variante: 1. Moderaterer Anstieg durch den Saugraben auf den Parapluiberg, von dort geht es auf der Liechtenstein-Höhenstraße weiter zum Hinteren Föhrenberg, 2. Abstieg vom Kardinalgraben nach Perchtoldsdorf über den Schirgengraben.

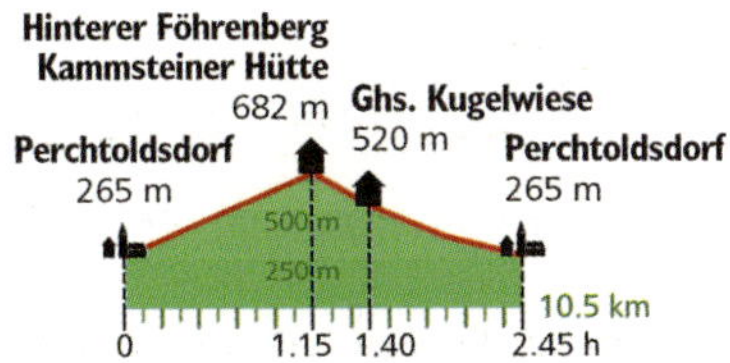

Nach Besichtigung des mächtigen, frei stehenden Marktturmes und der gotischen Pfarrkirche auf dem sehenswerten Marktplatz verlässt man **Perchtoldsdorf** auf der Hyrtlallee, die hinter dem Begrischpark ihren Ausgang nimmt. Wir passieren den Gedenkstein, der den Beginn der rot-weiß-rot markierten Weitwanderwege Nordalpenweg 01 und Mariazeller Weg 06 markiert, und gelangen bald an den Rand der **Perchtoldsdorfer Heide**. Leider haben Weingärten und Wohnsiedlungen den ursprünglichen Charak-

ter des Gebiets stark verändert. Im Föhrenwald wandert man entweder durch den Saugraben zum Parapluiberg empor, wo das Franz-Ferdinand-Schutzhaus sowie die Liechtenstein-Höhenstraße erreicht werden (Variante), oder man steigt mit den rot-weiß-rot markierten Weitwanderwegen links haltend direkt zum **Hinteren Föhrenberg** mit der **Kammersteiner Hütte** an. Von der Terrasse der eisernen Josefswarte können wir das Wiener Becken und den Wienerwaldsaum gut überblicken.
Die Liechtenstein-Höhenstraße verbindet bei nur geringen Höhendifferenzen alle Gaststätten und Lagerwiesen des Naturparks Föhrenberge. Ihr folgen wir zum **Ghs. Kugelwiese** (Salzstanglwirt). Kurz vor dem Gebäude zweigt links der zunächst noch breite, bald aber enge und feuchte **Kardinalgraben** ab, der uns an den Rand des geschlossenen Föhrenwaldes zurückbringt. Anders als der Wienerwald-Rundwanderweg 41, der nun rechts entlang ausgedehnter Weingartenflächen in Richtung Mödling davonzieht, führt der direkte Abstieg zum Ausgangsort durch die Weingärten. Die beiden möglichen Wege – Schirgengraben (Variante 2) und **Haspelweg** – stoßen noch vor der bewaldeten Hochbergkuppe unweit des Marktplatzes wieder aufeinander. Durch die Hochberg- und die Elisabethstraße gelangt man in wenigen Minuten zum Ausgangspunkt der Wanderung am Marktplatz in **Perchtoldsdorf**.

Der Marktturm (rechts oben) ist das Wahrzeichen von Perchtoldsdorf.

In der Hyrtlallee (links) beginnen die rot-weiß-roten Markierungen der Weitwanderwege 01 und 06. Dort steht auch der Weitwander-Gedenkstein (rechts unten).

13 Naturpark Sparbach

2.00 Std.

Durch das Liechtensteinsche Waldrevier

Im 19. Jahrhundert legte Fürst Johann von Liechtenstein im südlichen Wienerwald zahlreiche Schlösser, künstliche Ruinen und Tempel an, die dem damaligen romantischen Zeitgeist entsprachen. Einige davon sind im Naturpark Sparbach zu bestaunen, dem ältesten, schon 1962 gegründeten Naturpark in Österreich. Die von einer Mauer umgebene Parkanlage, die neben Kulturdenkmälern viel frei laufendes Wild beherbergt, wurde in den letzten Jahren generalsaniert und um ein Besucherzentrum ergänzt.

Ausgangspunkt: Naturpark Sparbach, Besucherzentrum, Haupteingang Schnepfenstein, 360 m, ausreichend Parkplätze. In Sparbach (etwa 5 Gehminuten vom Ausgangspunkt entfernt) halten die Busse der Linien 364 und 365 von Wien-Mödling (nur wochentags).
Höhenunterschied: 250 m.
Anforderungen: Breite, in weit ausholenden Kehren angelegte Wege.
Einkehr: Buffet im Besucherzentrum, kein Ghs. in Sparbach.
Tipp: Sehenswertes Stift Heiligenkreuz und Mayerling (mit Schloss und Kloster) in der näheren Umgebung (etwa zehn Autominuten von Sparbach, vgl. Touren 22 und 23).
Hinweis: Im Naturpark Sparbach (Eintrittsgebühr!) läuft Wild frei herum; umsichtiges Verhalten ist unbedingt erforderlich, Hunde und Fahrräder sind verboten.

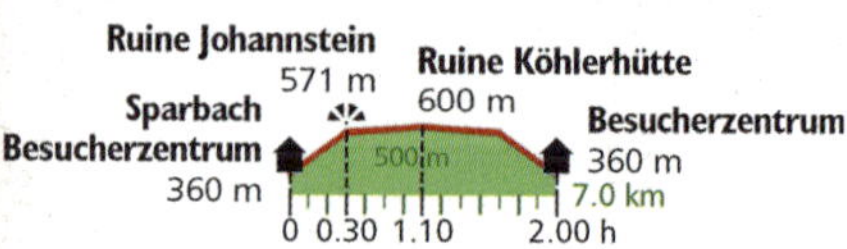

Nur wenig abseits der Autobahnabfahrt Hinterbrühl (A 21) befindet sich im kleinen Wienerwaldort Sparbach der **Haupteingang Schnepfenstein** in den **Naturpark Sparbach**. Vom Besucherzentrum führt der Hauptweg leicht ansteigend entlang des Sparbachgerinnes zu einem Waldteich mit einer Mühle. Die Futterplätze werden häufig von Wildschein-Rudeln besucht. Wenig später teilt sich der Weg. Vom Fuß der **Ruine Johannstein** könnte man geradewegs (Richtung Norden) ins enge

Sparbachtal ansteigen, der Hauptweg führt uns jedoch rechts in weiten Kehren weiter zur freien Wiesenfläche mit dem **Dianatempel**. Nach ausgiebiger Rast besteht die Möglichkeit, den Weg noch ein Stück fortzusetzen und auf den bewaldeten Heuberg zu steigen. Dort empfiehlt sich der Besuch der **Ruine Köhlerhütte**, die ein wenig abseits vom Weg gelegen ist.

Leider kann auf dem Parkweg nicht bis zum Höllenstein weitergewandert werden, da das nördliche Tor des Naturparks ganzjährig geschlossen ist. Daher wandern wir auf dem Anstiegsweg zurück zum **Haupteingang Schnepfenstein**. Die Ausblicke auf den Anninger und den Hohen Lindkogel sowie die Begegnung mit Wildschweinen und anderen Wildtieren in freier Wildbahn sorgen für bleibende Erinnerungen an den Besuch im Naturpark Sparbach.

Im Naturpark Sparbach gibt es viele verschiedene Tiere zu bestaunen.

Ausblick von der Ruine Johannstein.

14 Kalenderberg, 310 m, und Burg Liechtenstein

3.30 Std.

Über die Seegrotte in der Vorderbühl zu Burg Liechtenstein

Eine Wanderung voller Kontraste im Umkreis der Europastadt Mödling! Die schroffen Wandfluchten der Mödlinger Klause bescheren Ausblicke mit alpinem Charakter. Die Nähe der Großstadt Wien spürt man an den zersiedelten Wienerwaldhängen rings um Gießhübl. Schließlich beeindruckt die weithin sichtbare Burg Liechtenstein.

Ausgangspunkt: Mödling, Bahnhof, 215 m, S-Bahn-Anschluss, P+R-Anlage.
Höhenunterschied: 300 m.
Anforderungen: Kurze, wenig anstrengende Anstiege.
Einkehr: Gasthäuser in Vorder- und Hinterbrühl, Schloss Liechtenstein und Mödling.
Tipp: Sehenswerte Seegrotte in der Vorderbrühl.

Vom Schwarzen Turm am Kalenderberg haben wir einen herrlichen Ausblick auf die Mödlinger Klause mit dem Aquädukt der I. Wiener Hochquellenwasserleitung.

Auf der Hauptstraße geht es vom **Bahnhof Mödling** zur Fußgängerzone im Zentrum von Mödling und von dort auf der Pfarrgasse zur erhöht liegenden Pfarrkirche St. Othmar am Fuße des **Kalenderberges**. Von hier steigt der Anton-Wildgans-Weg zum Mödlinger Kobenzl an. Ein geländergesicherter Weg (mit rot-weiß-roter Markierung) führt hoch über der schroffen Klause vorbei an Schwarzem Turm und Pfefferbüchsel zur **Seegrotte** in der **Vorderbrühl**, einem ehemaligen Gipsbergwerk. Es ist kaum vorstellbar, dass hier während des Zweiten Weltkriegs eine Rüstungsfabrik untergebracht war.

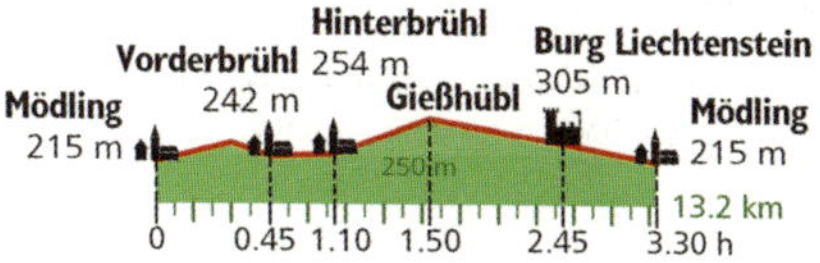

Nach Queren der Hauptstraße in der **Hinterbrühl** (254 m) ist der Weiterweg nach Gießhübl leicht zu übersehen: ein schmales Gässchen bringt uns rot-weiß-rot markiert an der Ruine Römerwand vorbei zum Hundskogel nahe der Wiener Außenringautobahn. Dann quert man »hintaus« nach **Gießhübl** (430 m). Am großen Parkplatz am Rand des Naturparks Föhrenberge verlassen wir vorübergehend die rot-weiß-roten Zeichen des Wienerwald-Rundweges 41 und gehen rechts auf der Gießhübler Hauptstraße bergab bis zur Kreuzung mit der Perchtoldsdorfer Straße, wo der Weg Nr. 41 wieder einmündet. Ihm rechts folgend wandern wir nun durch Siedlungsgebiet bis zum Parkplatz am Straßensattel zwischen Maria Enzersdorf und Hinterbrühl. Dahinter lädt die Parkanlage mit der **Burg Liechtenstein** (305 m, Besichtigungsmöglichkeit), dem gleichnamigen **Schloss** (Gaststätte) und einem Amphitheater zur Unterbrechung der Rundtour ein.

Ein breiter, an Wochenenden viel begangener Waldweg verbindet den weitläufigen Park mit **Mödling**. Dort geht es auf der Hauptstraße zurück zum Bahnhof Mödling.

15 Husarentempel, 496 m, und Matterhörndl, 458 m

4.30 Std.

Auf den Spuren von Josef Schöffel

Mit der Markierung des Josef-Schöffel-Wanderwegs hat man dem »Retter des Wienerwalds« (vgl. Tour 7) ein lebendes Denkmal gesetzt. Mit mehr als 30.000 Begehungen zählt der 17 km lange Weg zu den meistgenutzten Wegen des Wienerwalds. Wir folgen ihm auf seiner Runde um den Kleinen Anninger.

Ausgangspunkt: Mödling, Bahnhof, 215 m, S-Bahn-Anschluss, P+R-Anlage.
Höhenunterschied: 450 m.
Anforderungen: Teils steile und steinige Auf- und Abstiege, bei Nässe rutschig.
Einkehr: Föhrenhof, Krauste Linde.
Variante: 1. Von der Meiereiwiese zum Husarentempel, 2. vom Gasthauf Krauste Linde zum Anninger Schutzhaus.

Diese Tour folgt durchweg dem Josef-Schöffel-Weg, der mit einer rot-weiß-roten Markierung mit der Zahl 46 gekennzeichnet ist. Vom **Bahnhof Mödling** wandern wir rechts zur Hauptstraße, die uns ins Zentrum bringt. Durch die Fußgängerzone kommen wir zum sehenswerten **Schrannenplatz** mit dem Rathaus und einem Denkmal für Josef Schöffel, der von 1873 bis 1882 Bürgermeister von Mödling war. Die Kaiserin-Elisabeth-Straße führt zur Spitalskirche am Europaplatz. Über den Mödlingbach und durch die Neusiedler Straße gelangt man zur Straße An der Goldenen Stiege. Von Felsen und Schwarzföhren flankiert steigt der Wanderweg hier merklich an. Bald hält man sich rechts, um auf fast ebenem Weg zur Ruine **Burg Mödling** zu gelangen. Da-

Typisches Wegkreuz im Wienerwald (oben).

Der Nachweis von Wegbegehungen mittels Abstempelungen (links die Stempelstelle Meiereiwiese am Josef-Schöffel-Wanderweg) ist im Wienerwald sehr beliebt.

runter liegt die **Meiereiwiese** mit dem Ghs. Föhrenhof. Wer wenig Zeit hat, kann von hier direkt zum Husarentempel ansteigen (Variante 1). Der schönere Weg 46 aber umrundet weit ausholend den Kleinen Anninger und führt erst im Anschluss knapp am Husarentempel vorbei. Eine Waldstraße bringt uns dann zum **Matterhörndl** (458 m, Kletterfelsen, urzeitliche Kultstätte). Etwas später mündet sie in die Anningerstraße, die rechts zum Gasthof **Krauste Linde** (474 m, Anschluss Variante 2) ansteigt. Zum Ausgangspunkt führt uns von dort entweder der Weg 46 oder (kürzer) die bereits genannte Anningerstraße. Beide Wege kommen am Waldrand nahe dem Ausgang des Prießnitztals wieder zusammen. Oberhalb ausgedehnter Weinkulturen – schöner Ausblick auf Mödling und das Wiener Becken – quert man zur Straße An der Goldenen Stiege. Anschließend geht es wie beschrieben durch das Zentrum von **Mödling** zum **Bahnhof**.

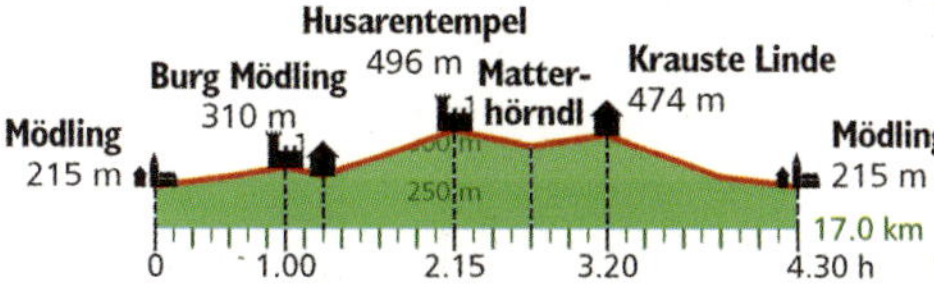

16 Eichkogel, 367 m

2.15 Std.

Von Guntramsdorf auf den Eichkogel

Guntramsdorf liegt am Fuße ausgedehnter Weingärten zwischen Mödling und Gumpoldskirchen. Das Naturschutzgebiet Eichkogel ist es wert, im Rahmen einer Wanderung besucht zu werden. Der Ausblick auf Wien entschädigt für die Mühen, die fehlende Markierungen im zentralen Schutzgebiet machen.

Ausgangspunkt: Guntramsdorf, Hauptstraße, Bahnhof Guntramsdorf Lokalbahn (Badner Bahn), 193 m, Parkmöglichkeit.
Höhenunterschied: 180 m.
Anforderungen: Keine Bezeichnungen/Wegmarkierungen im Bereich Eichkogel.
Einkehr: Ghs. Haus an der Weinstraße, Gasthäuser in Thallern und in Guntramsdorf.
Tipp: Sehenswerter Meierhof des Stiftes Heiligenkreuz in Thallern, geologisch und floristisch interessanter Eichkogel.

In **Guntramsdorf** geht es von der Lokalbahnhaltestelle durch die Hauptstraße, die sich bald schon dem Wienerwald zuwendet. Nach Überqueren der breiten Triester Straße kommt man in die Anningerstraße. An der Bahnstation Guntramsdorf-Südbahn quert der Beethovenweg Nr. 40; er führt uns zum nahen Weingut **Thallern** (213 m). Das Restaurant im Gutshof des Stiftes Heiligenkreuz ist für seine gute Küche bekannt.
In den Weingärten am Fuße des Anningers verbindet die sogenannte **Weinstraße** Gumpoldskirchen mit Mödling. Von Thallern steigt man gelb bezeich-

Auf der Kuppe des Eichkogels lässt sich ein letztes Stück ursprüngliche Naturlandschaft erleben, das Naturschützer gegen den Weinbau verteidigt haben.

net zu dieser Straße an, folgt ihr rund 500 m (Vorsicht! Starker Verkehr!) nach rechts und zweigt dann rechts auf einen Fußweg zum **Eichkogel** ab.
Mit dem Schutzgebiet Eichkogel wird eine seltene Flora am Rand der Ostalpen vor der Ausrottung bewahrt. Leider trotzte lediglich die zentrale Bergkuppe dem intensiven Weinbau rund um Mödling.
Auf der Anhöhe gibt es keine bezeichneten Wege! Beim Ghs. Haus an der Weinstraße beginnt ein Fahrweg, der die nach Mödling hin abfallenden Eichkogel-Ausläufer quert; auf ihm steigen wir in Richtung Neu-Guntramsdorf ab. Kurz vor der Bahntrasse kreuzt erneut der **Beethovenweg**, der bis Baden den steigungsfreien Verlauf der Hochquellenwasserleitung nutzt – eine Einmaligkeit in der Wanderregion Wien! Wir folgen ihm nach rechts. Im Sommer »versüßen« Kirschen, im Herbst Weintrauben den Gang durch ungezählte Weinkulturen. Entlang der Südbahntrasse und an der Bahnstation Guntramsdorf-Südbahn links gelangt man zurück zum Ausgangspunkt in **Guntramsdorf**.

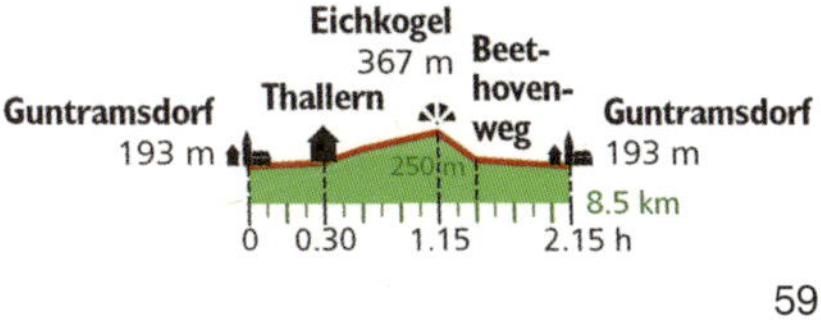

17 Schlosspark Laxenburg

1.15 Std.

Ein Spaziergang im kaiserlichen Schlosspark Laxenburg

Rund 2,5 km² gepflegte Gartenfläche mit Teichanlagen, Denkmälern und der schmucken Franzensburg umfasst der ehemals kaiserliche Schlosspark Laxenburg – ein beliebtes Ausflugsziel im Umland von Wien, das Raum für vielfältige Freizeitaktivitäten wie Spaziergänge, kleine Wanderungen, Bootsfahrten und den Besuch von Ausstellungen gibt.

Ausgangspunkt: Laxenburg, Herzog-Albrecht-Straße/Schlossplatz, 177 m, Haltestelle Franz-Joseph-Platz der Buslinien 215 vom Bahnhof Mödling und 566 vom Südtiroler Platz in Wien, ausreichend Parkplätze.
Höhenunterschied: Gering.

Anforderungen: Kurzer Spaziergang (bis zu 2 Std.) im Schlosspark.
Einkehr: Restaurant Franzensburg und Gaststätten in Laxenburg.
Tipp: Erholungszentrum angeschlossen (Freibad, Reitstall, Restaurant).
Hinweis: Eintrittsgebühr.

Schloss und Schlosspark sind das wichtigste Ausflugsziel in **Laxenburg**. Schon am Zugang zum Schlosspark beeindrucken das **Neue Schloss**, ein zweigeschossiger Spätbarockbau, und der monumentale **Schlossplatz**. Unweit davon gelangt man zum **Haupteingang** des Parks, der im 18. Jahrhundert im englischen Stil angelegt wurde. Künstliche Grotten, Wasserfälle, Kanäle, Tempel und Plastiken ergeben ein romantisches Gesamtbild. Unse-

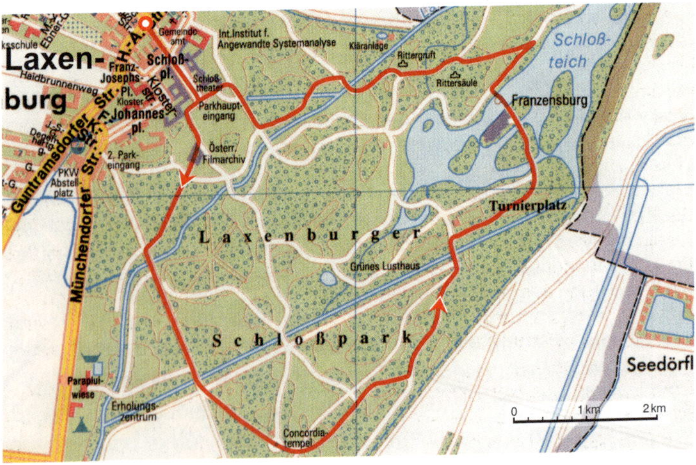

Blick über das wiesendurchsetzte Parkgelände auf die Franzensburg, das Zentrum des Schlossparkes Laxenburg.

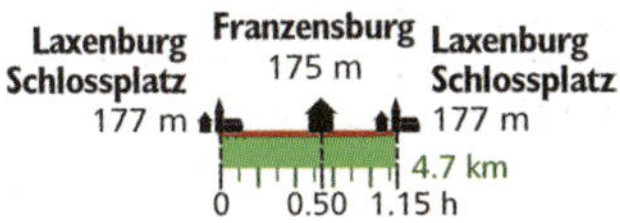

re Rundwanderroute führt zunächst am **Alten Schloss** mit dem Filmarchiv Austria vorbei und quert dann die Schwechat und den Forstmeisterkanal, der den Schlossteich mit der Schwechat verbindet; das moderne Erholungszentrum lassen wir dabei rechts liegen. Wir betreten das Parkgebiet um den **Concordiatempel**. Der kurzweilige Wechsel von Wiesen und Waldzungen ist äußerst beschaulich. Im Bereich des Grünen Lusthauses überqueren wir auf der Kaskadenbrücke ein zweites Mal den Teichzubringer. Vorbei am Turnierplatz führt uns der Weg zum **Schlossteich** mit der sehenswerten **Franzensburg**, die von zwei Seiten her erreicht werden kann: über den festen Steg an der Rückseite oder von vorn mit einer Fähre (im Winterhalbjahr Steg). Die Franzensburg ist einer gotischen Burganlage nachempfunden, nach Kaiser Franz I. benannt und ein Hauptwerk der klassizistischen Romantik. Obwohl die Einrichtung aus verschiedenen auswärtigen Klöstern und Schlössern zusammengetragen wurde, ist der Besuch unbedingt zu empfehlen. Der Habsburgersaal, die Schatzkammer, der Thronsaal und die Kapelle zählen zu den eindruckvollsten Räumen.
Der Rückweg zum **Neuen Schloss** führt an Rittersäule und Rittergruft vorbei, überquert noch einmal das Schwechat-Flüsschen und endet bald darauf am **Haupteingang**. Über den Schlossplatz geht es zurück zum Ausgangspunkt.

18 Anninger, 675 m, und Pfaffstättner Kogel, 541 m

4.15 Std.

Vom Weinort Gumpoldskirchen in die Kurstadt Baden

Auf der Thermenlinie Mödling – Gumpoldskirchen – Baden mit den letzten Ausläufern der Ostalpen südlich von Wien bietet sich die Möglichkeit, auf mehreren Etagen erlebnisreiche Wanderungen durchzuführen: die fast durchweg ebene Hangwanderung entlang der I. Wiener Hochquellenwasserleitung, der Beethovenweg auf halber Anninger-Höhe (s. Tour 20) oder die anspruchsvollere Bergtour über den Anningergipfel, die wir hier vornehmen. Alle Thermenwanderungen haben eines gemeinsam: Sie sind gut markiert bzw. beschildert und durch die S-Bahn verkehrsmäßig gut erschlossen.

Ausgangspunkt: Gumpoldskirchen, S-Bahnhof, 215 m, Parkmöglichkeit.
Endpunkt: Baden, Bahnhof, 232 m, Rückkehr zum Ausgangspunkt und nach Wien mit der S-Bahn.
Höhenunterschied: 550 m im Auf- und 530 m im Abstieg.
Anforderungen: Langer, mühsamer Anstieg zum Anninger-Schutzhaus, steiler Abstieg vom Pfaffstättner Kogel.
Einkehr: Anninger-Schutzhaus, Rudolf-Proksch-Hütte, Restaurant Rudolfshof und Gaststätten in Baden.
Variante: Vorzeitige Beendigung der Tour in der Einöde (ca. 2 km bis zum Bahnhof Pfaffstätten).

Fernblick von der Klesheimwarte.

Vom etwas abseits liegenden Bahnhof **Gumpoldskirchen** kommt man auf der von Heurigenlokalen gesäumten Ortsstraße mäßig ansteigend ins Zentrum des Ortes, wo rechts das sehenswerte Rathaus mit dem Pranger steht. Die Straße endet an der **Michaelskirche**. Der steile Kalvarienbergweg führt uns durch ausgedehnte Weinkulturen hinauf zum Waldrand. Rechts haltend setzen wir unseren Weg am grün bezeichneten Kalenderweg fort, der direkt und steil zum **Anninger-Schutzhaus** ansteigt. Von hier geht es in wenigen Minuten zur Jubiläumswarte am Gip-

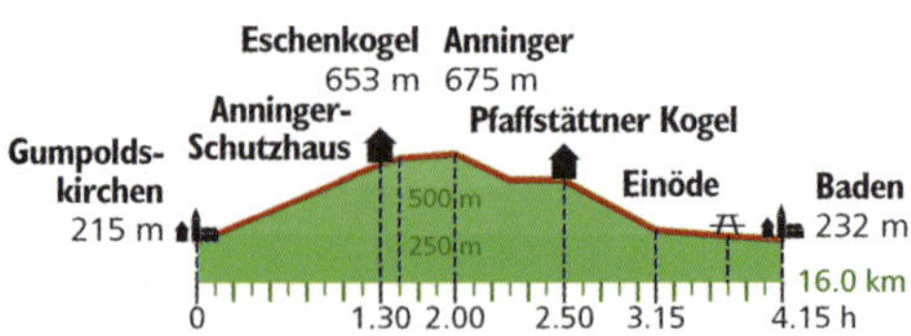

fel des **Eschenkogels** (653 m). Auf der Rückkehr zum Anninger-Schutzhaus vermittelt ein rot bezeichneter Fahrweg rechts den Weiterweg in Richtung Pfaffstättner Kogel, von dem nach nur wenigen Minuten links der ebenfalls rot bezeichnete Weg zum **Anninger** mit der Wilhelmswarte abzweigt, der hinter dem Gipfel wieder in den Fahrweg mündet. Mit leichtem Gefälle erreicht man in der Folge die Wegkreuzung **Drei Eichen**. Von hier folgen wir den rot-weiß-roten Bezeichnungen des Wienerwald-Rundweges 42 bis zum Tennspitz, wo der Zustiegsweg zum **Pfaffstättner Kogel** abzweigt. Es lohnt, die Klesheimwarte (neben der Rudolf-Proksch-Hütte) zu ersteigen.

Drei Wege führen hinab in die **Einöde** (280 m, Anschluss der Variante), allesamt steil und bei Nässe rutschig. Auf der jenseitigen Hangseite steigt der Weg im Wald an und quert in Richtung Restaurant Rudolfshof (etwas abseits des Weges, Hinweistafeln). Durch den Kurpark mit exotischen Baumarten, Blumenarrangements und Denkmälern geht es in die **Kurstadt Baden**. Theresien-, Frauen-, Wasser- und Bahngasse folgt der kürzeste Weg vom Kurpark zum **Bahnhof**. Es besteht jedoch auch die Möglichkeit, vom Josefsplatz mit der Badner Bahn Richtung Wien zu fahren.

19 Hoher Lindkogel, 834 m

5.00 Std.

Auf den Hauptgipfel des südlichen Wienerwalds

Der Hohe Lindkogel (Eisernes Tor) ist beachtliche 834 m hoch und beherrscht die Landschaft zwischen Thermenlinie und Alland. Vorberge sind der Sooßer und der Badener Lindkogel. Am Gipfel befinden sich ein Sender, die Sina-Warte und das ganzjährig bewirtschaftete Schutzhaus Eisernes Tor. Die Zufahrten sind für den öffentlichen Verkehr gesperrt, werden aber im Winter gern als Rodelbahnen und gelegentlich auch als Skirouten genützt. Föhren- und Buchenwälder erstrecken sich über die weiten Bergflanken. Am Brennersteig gibt es sogar eine gesicherte Felsstufe – eine Rarität im Wienerwald!

Ausgangspunkt: Baden, Bahnhof, 232 m, P+R-Anlage.
Höhenunterschied: 615 m.
Anforderungen: Ein langer, jedoch nur an einer Stelle (Brennersteig, gesicherte Felsenpassage) steiler Aufstieg, bei Nässe und Laubfall rutschig. Vorsicht bei Abstieg ins Helenental (»Steiniger Weg«).
Einkehr: Schutzhaus Eisernes Tor am Hohen Lindkogel, Augustinerhütte, Krainerhütte (etwas abseits vom Weg), Ghs. Hauswiese, Gasthäuser in Baden.
Tipp: Besonders weiter Ausblick von der Warte am Hohen Lindkogel.

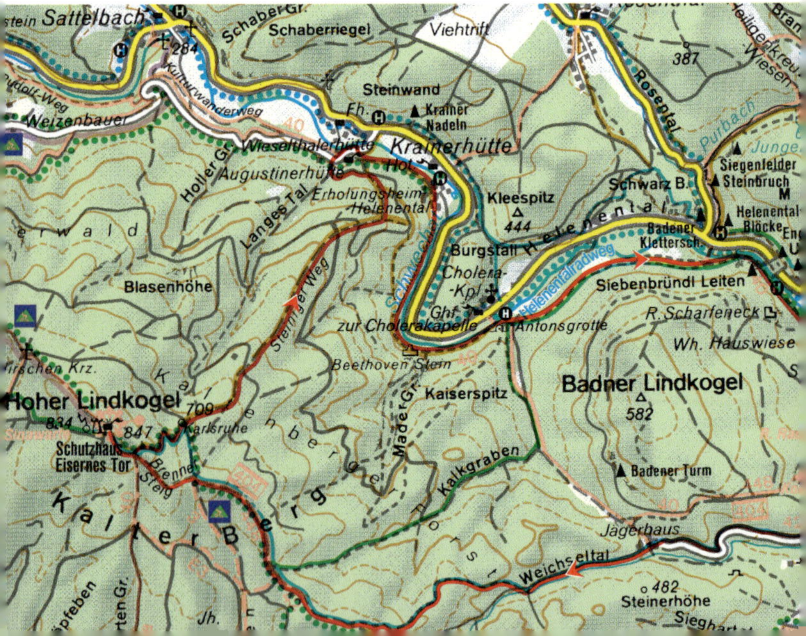

Vom **Bahnhof** folgen wir den rot-weiß-roten Markierungen des Wienerwald-Rundwanderweges Nr. 42 durch die **Kurstadt Baden**. Sie leiten uns vom Bahnhofsvorplatz (Hötzendorfplatz) durch die Braitner- und die Weilburgstraße. Bald sind es Villen und Kurhäuser, die den Weg säumen. Kurz vor dem mächtigen Aquädukt der I. Wiener Hochquellenwasserleitung schwenkt die Straße mit der Markierung links in Richtung **Jägerhaus** (380 m) ein. Im Wald endet die Straße vor dem ehemaligen Ausflugsrestaurant – jetzt abgezäunt und privat genutzt. Durch den rot-weiß-rot und blau bezeichneten Weichseltalgraben geht es zunächst bei mäßiger Steigung bergan, doch in der Flanke des **Hinteren Lindkogels** folgt ein ebenso markiertes, sehr steiles und steiniges Wegstück. Am Gipfel (660 m) ist der Hauptteil des Anstiegs schon geschafft. Hier stoßen die Markierungen des Vöslauer Weges hinzu. Kurz vor Erreichen des **Hohen Lindkogels** bietet der vereinte Anstiegsweg eine alpine Delikatesse: Am gesicherten Brennersteig ist eine kurze Felspassage zu überwinden, und das im Wienerwald! Überraschend flach und breit ist das Gipfelplateau mit dem Schutzhaus Ei-

Am Gipfel heißt ein eisernes Tor die Wanderer willkommen.

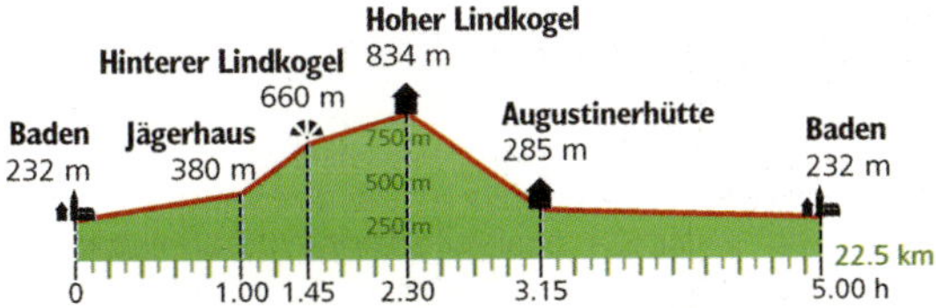

sernes Tor, der Sina-Warte und der ORF-Sendeanlage. Auf den letzten Metern des Aufstiegs wird ein eisernes Tor durchschritten – ein Hinweis auf den fast ebenso häufig verwendeten Zweitnamen des Berges. Insgesamt sechs eigenständige bezeichnete Anstiege auf den Hohen Lindkogel gibt es; dem kürzesten folgen wir hinab ins **Helenental**. Der sogenannte Steinige Weg (gelbe Markierung) fällt recht steil ab und ist

Die Ruinen Rauhenstein (im Bild) und Rauheneck bilden zusammen die steinernen »Talwächter« des Helenentales.

nach Laubfall und bei Nässe unangenehm zu begehen. An der **Augustinerhütte** (285 m) erreichen wir den Talgrund mit der Schwechat; am gegenüberliegenden Ufer liegt die Krainerhütte, die im Rahmen eines fünfminütigen Abstechers zu erreichen ist. Von der Augustinerhütte gehen wir auf dem Beethovenweg Nr. 40, der hier das Helenental begleitet, talauswärts. Liebhaber des beschaulichen Wanderns kommen auf dem viel besungenen und berühmten **»Wegerl im Helenental«** ganz auf ihre Kosten. Stets der Schwechat folgend geht es am Beethovenstein, der Antonsgrotte und mehreren bizarren Felsköpfen vorbei an den Rand der **Kurstadt Baden**, wo das Ghs. Hauswiese zur Einkehr lädt. Erhöht sieht man links die Ruine Rauhenstein (ein Turm wurde restauriert und dient als Aussichtsterrasse), wenig später folgen rechts die Überreste der ehedem mächtigen Weilburg: eine steinerne Adler- und Löwengruppe. Hinter dem Aquädukt der I. Wiener Hochquellenwasserleitung stoßen wir wieder auf den Wienerwald-Rundwanderweg 42, der uns zurück zum **Bahnhof** Baden bringt.

5.00 Std.

Von Baden nach Gumpoldskirchen 20

Entlang der I. Wiener Hochquellenwasserleitung

Auf dieser Tour reizen weniger die Höhen als die Weinhänge am Fuß des Anningermassivs. Der Beethovenweg Nr. 40 führt als Hangweg von Baden nach Gumpoldskirchen, auf dem Rückweg nutzt er die den Höhenschichtlinien angepasste Trasse der I. Wiener Hochquellenwasserleitung und kehrt dadurch ohne Auf und Ab nach Baden zurück.

Ausgangspunkt: Baden, Bahnhof, 232 m, P+R-Anlage.
Höhenunterschied: 150 m.
Anforderungen: Nur geringe Höhenunterschiede. Der Beethovenweg ist dem Wetter ausgesetzt (bei Gewitter meiden!).
Einkehr: Ghs. Rudolfshof, Gaststätten und Heurige in Gumpoldskirchen und Baden.

Varianten: 1. Anstieg von der Einöde zum Gipfel des Pfaffstättner Kogels mit der Rudolf-Proksch-Hütte und einer Aussichtswarte, 2. Erweiterung bis nach Mödling (Beethovenweg Nr. 40, rot-weiß-rot bezeichnet, vgl. auch Tour 16), 3. Beendigung am Bhf. Gumpoldskrichen.
Tipp: Weinlehrpfad in Gumpoldskirchen.

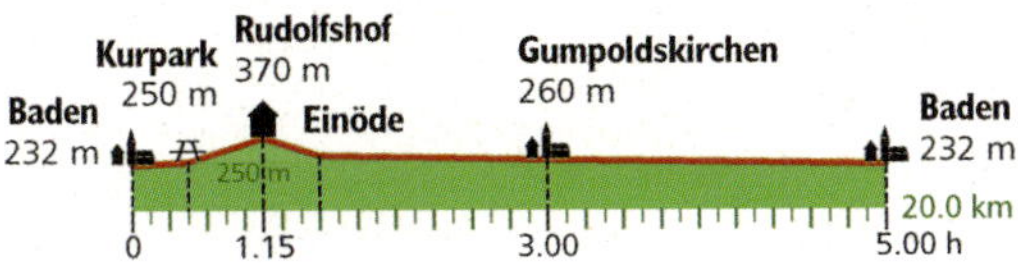

Vom Hötzendorfplatz am **Bahnhof Baden** führt der kürzeste Weg über die Bahngasse und die Wassergasse ins Zentrum mit der Kurdirektion und von dort weiter auf der Theresiengasse zum **Kurpark**. Dort gibt es nur sporadisch Markierungen, dafür aber mehrere Hinweistafeln auf den **Rudolfshof**. Auf breiten Promenadenwegen erreichen wir das Restaurant und dahinter die **Einöde**, einen tiefen Geländeeinschnitt. Hier wird die Straße zwischen Pfaffstätten und Gaaden überquert und gegenüber

Der gepflegte Badener Kurpark mit vielen Statuen wird von Kurgästen und Wanderern gleichermaßen geschätzt.

mit der rot-weiß-roten Markierung Nr. 40 am Hang des Pfaffstättner Kogels (Abstecher zur Rudolf-Proksch-Hütte mit Aussichtswarte möglich, Variante 1) angestiegen. Im Folgenden hält sich unser Weg ungefähr auf einer Höhe und quert im Wald die Anningerflanke. Immer wieder eröffnen sich über weite Weingartenflächen hinweg grandiose Ausblicke auf das Wiener Becken. Noch vor dem großen Gumpoldskirchner Steinbruch verlassen wir den Beethovenweg Nr. 40 und steigen auf dem Kalvarienbergweg in den Heurigenort **Gumpoldskirchen** ab. Nicht nur die Kirche und die zahlreichen Heurigenschenken laden zum Besuch ein, sondern auch der gepflegte Weinlehrpfad, der auf die lange Geschichte des Gumpoldskirchner Weinbaus eingeht.

Bei der **Pfarrkirche** (Anschluss Varianten 2 und 3) stößt man wieder auf die Markierung des Beethovenweges Nr. 40, der uns nun auf der »unteren Etage« entlang der **Wasserleitungstrasse** nach Baden zurückbringt. Ohne spürbaren Höhenunterschied verläuft das breite Wiesenband durch Weinkulturen, die sich ausdehnen soweit das Auge reicht! Großzügig wird eine kleine Erhebung unter dem Pfaffstättner Kogel umgangen. Die Straße zur Einöde kann auf dem Aquädukt überschritten werden. Lediglich zwei Gatter sind zu öffnen und unbedingt auch wieder zu schließen. Im Badener Siedlungsraum verläuft sich die Trasse. Wo der Weg Nr. 40 in den Kurpark einmündet, wird die Rundwanderung geschlossen. Nun geht es entgegen der zu Beginn beschriebenen Richtung durch das Zentrum von **Baden** zurück zu unserem Ausgangspunkt am **Bahnhof**.

Ausgedehnte Weinkulturen prägen das Landschaftsbild in den Hängen des Anningers.

21 Harzberg, 466 m

3.15 Std.

Die Thermenlinie am Alpenostrand

Am südöstlichen Ende des Wienerwalds ragt der Harzberg, ein Ausläufer des Hohen Lindkogels, empor. Wem die Besteigung des Hohen Lindkogels zu beschwerlich ist, der wird im Nahbereich von Bad Vöslau – z. B. in Verbindung mit einem Besuch des Thermalstrandbades – einen ähnlich genussvollen Wandertag erleben können, lediglich eine »Etage« tiefer!

Ausgangspunkt: Bad Vöslau, Bahnhof, 240 m, Parkplatz.
Höhenunterschied: 260 m.
Anforderungen: Problemlose Wanderung auf breiten Wald- und Fahrwegen.
Einkehr: Ghs. am Harzberg, Vöslauer Hütte, Gaststätten in Gainfarn und Bad Vöslau.
Tipp: Besuch des Bad Vöslauer Thermalstrandbades.

Öffentlicher Trinkbrunnen beim Thermalbad in Bad Vöslau.

Vom **Bahnhof Bad Vöslau** führt uns die Bahnstraße hinunter zur Badner Straße, links der Schlosspark mit dem früheren Schloss (heute Rathaus). Rechts haltend geht es zum **Thermalstrandbad**, das von einer 24°C warmen Akratotherme gespeist wird. Hier beginnt der rot und später gelb bezeichnete Anstieg zum **Harz-**

berg. Auf dem Hausberg von Bad Vöslau befinden sich ein gepflegtes Ghs. und die **Jubiläumswarte**, von der man durch die vorgeschobene Lage des Gipfels einen prächtigen Ausblick auf das Wiener Becken hat. Fast eben kann nun blau bezeichnet auf der breiten, föhrenbestandenen Waldkuppe des Harzbergs entlanggewandert werden. Nach einiger Zeit trifft unser Weg auf die Waldstraße, die Gainfarn mit unserem nächsten Etappenziel verbindet: der **Vöslauer Hütte** (489 m). Die Hütte liegt auf etwa halber Strecke zwischen Bad Vöslau und dem Hohen Lindkogel im Wald. Wir folgen der Straße nach rechts, passieren die Schranken am Hüttenparkplatz und erreichen kurz darauf auch das Gebäude.

Ein rot bezeichneter Abstiegsweg führt uns von der Hütte durch das Manhartstal in die Niederung. Vom Waldrand aus sieht man hinab auf den den Haidlhof, ein ehemaliges Ghs., von dem der Beethovenweg Nr. 40 zu uns heraufkommt. Wir folgen dem Weg links am Waldrand entlang in Richtung Gainfarn. Durch Wald und Weingärten führt der an Schönwettertagen zu recht **Sonnenweg** genannte Weg zu den ersten Häusern von **Gainfarn**. Wir umgehen den Vöslauer Stadtteil am oberen Siedlungsrand und gelangen bald in die Nähe des Zentrums. Schließlich führen uns die rot-weiß-roten Markierungen des Beethovenwegs Nr. 40 direkt zum Schloss, wo die Bahngasse zum **Bahnhof Bad Vöslau** abzweigt.

Blick von der Warte am Harzberg über das Gasthaus hinweg zum Hohen Lindkogel.

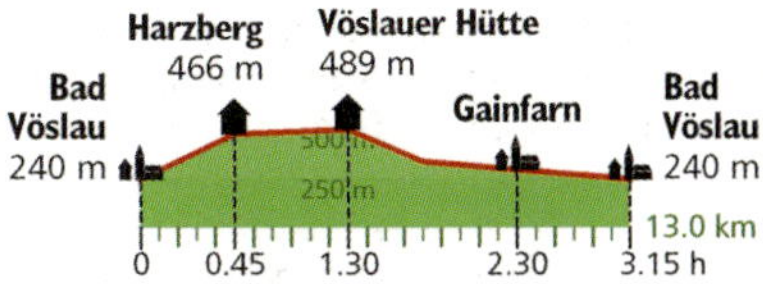

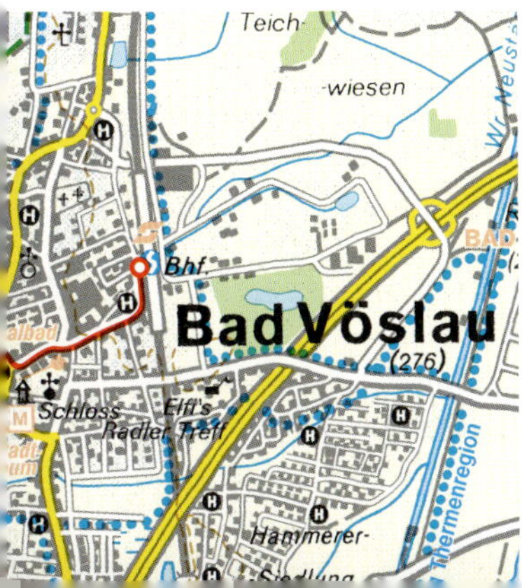

22 Klosterberg, 430 m, und Reisetberg, 445 m

4.00 Std.

Im Umkreis von Stift Heiligenkreuz

Heiligenkreuz ist eine kleine Gemeinde im Wienerwald, die durch das gleichnamige Zisterzienserstift, das Papst Benedikt XVI. bei seinem Besuch 2007 als »Ort der Kraft« bezeichnete, weit über die Landesgrenzen hinaus bekannt ist. Die in der Hinterbrühl beginnende Via Sacra (Wiener Wallfahrerweg 06) findet hier ihren ersten sakralen Höhepunkt auf dem Weg nach Mariazell.

Ausgangspunkt: Heiligenkreuz, Stift, 312 m, Haltestelle der Buslinie 365 von Mödling, Parkplatz.
Höhenunterschied: 220 m.
Anforderungen: Mehrere kleine, wenig anstrengende An- und Abstiege, bei Nässe tiefer, rutschiger Boden.

Einkehr: Meierei Füllenberg, Gasthäuser in Siegenfeld und Heiligenkreuz.
Variante: Von der Meierei Füllenberg direkt nach St. Maria im Wald (ohne Abstecher nach Sittendorf).
Tipp: In der Nähe befindet sich der Naturpark Sparbach (vgl. Tour 13).

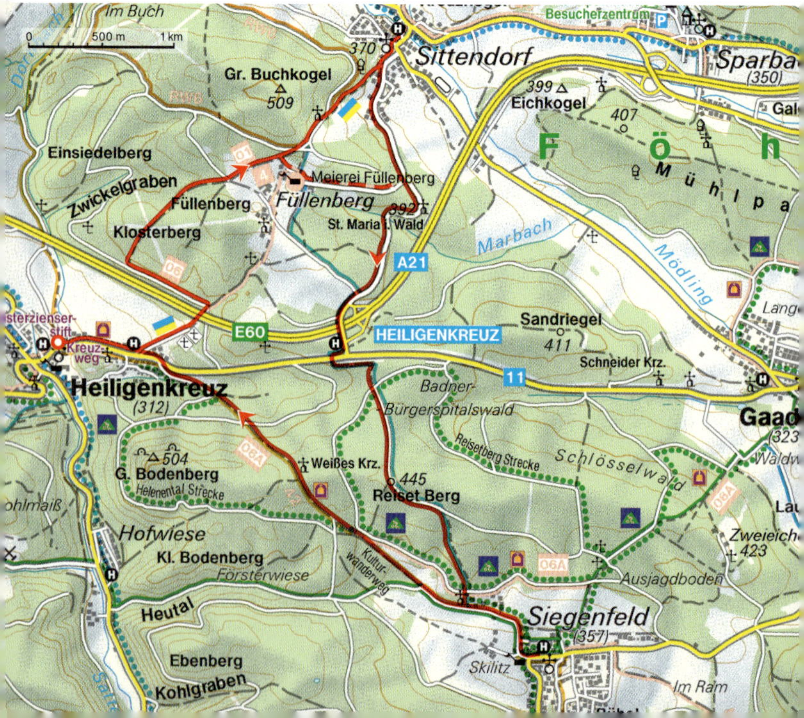

Vom Stift in **Heiligenkreuz** geht es in einem weiten Rechtsbogen am Friedhof mit dem Vetsera-Grab (Hinweis) vorbei. Wir unterqueren die A 21 und biegen gleich dahinter mit rot-weiß-roter Markierung scharf links ein. Nun geht es zunächst am Fuß des **Klosterbergs** entlang, dann rechts haltend über den Gipfel hinweg nach **Füllenberg**. Auf einer weiten Rodungsfläche liegt der **Meiereihof Füllenberg** (Abzweig der Variante). Die Zeichen des Europaweges E 4 und der nationalen Weitwanderwege 01 und 06 leiten uns in die Talsenke, in der **Sittendorf** (370 m) und das benachbarte Sparbach mit dem sehenswerten Naturpark (Tipp) liegen. Leider muss nun die seit dem Autobahnbau stärker befahrene Straße in Richtung Abfahrt Heiligenkreuz begangen werden. Etwa auf der Höhe der Meierei Füllenberg befindet sich **St. Maria im Wald** (392 m, Einmündung der Variante), eines der vielen Flurzeichen an der Via Sacra. Nach dem Überqueren von Autobahn und Bundesstraße führt ein schöner, blau bezeichneter Wanderweg durch Wald und über die sanfte Kuppe des **Reisetbergs** hinweg nach **Siegenfeld** (357 m). Hier stößt man auf den Wienerwald-Rundwanderweg 42, der die Runde um Heiligenkreuz schließt. Zunächst folgen wir mit seiner Markierung ein Stück dem Weg, den wir bereits vom Hinweg kennen, dann geht es auf einem Fahrweg an letzten, vereinzelten Häusern vorbei in das geschlossene Waldgebiet zwischen Reiset- und **Bodenberg**. Ohne es recht zu bemerken, überschreiten wir den Höhenzug und steigen in die Talmulde von **Heiligenkreuz** hinab. Kurz vor Erreichen der Klosteranlage besteht die Möglichkeit, den sehenswerten **Kalvarienberg** mit spätbarocken Heiligenfiguren zu besuchen.

Der barocke Kreuzweg in Heiligenkreuz führt uns an mehreren Stationskapellen vorbei zur Hauptkapelle auf dem Kalvarienberg.

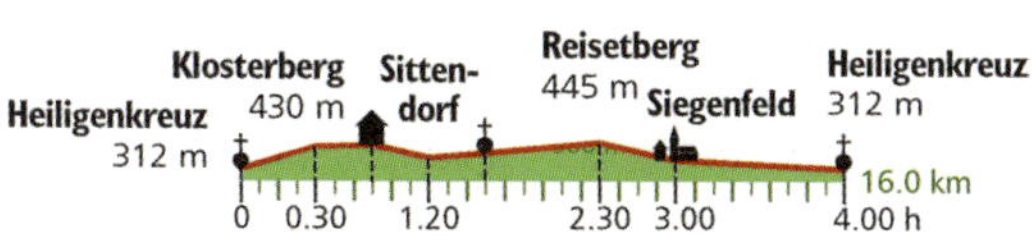

23 Peilstein, 716 m

4.15 Std.

Die Wiener Kletterschule

Viele Attraktionen bietet diese Wanderung im südlichen Wienerwald: Kultur, Sport und abwechslungsreiche Landschaft. Wir folgen gewissermaßen den Spuren der Ahnen, denn in den 1930er-Jahren fuhr man nicht zum Klettern an den Peilstein, sondern stieg am Samstagabend von Wien-Rodaun zur Arnsteinhöhle an, wo genächtigt wurde. An den Peilstein-Wänden verdienten sich Bergsteigergenerationen die ersten Sporen.

Fernblick vom Peilstein, dem bevorzugten Wienerwaldziel der Kletterer.

Ausgangspunkt: Alland, Hauptplatz, 331 m, Haltestelle der Buslinie 365 von Wien-Mödling, Parkmöglichkeit.
Endpunkt: Weissenbach an der Triesting, Bahnhof, 362 m, Rückkehr zum Ausgangspunkt mit Zug und Bus, Umsteigen in Leobersdorf und Wien-Mödling.
Höhenunterschied: 400 m im Auf- und 370 m im Abstieg.

Anforderungen: Anstieg zur Ruine Arnstein sehr steil; an den Peilstein-Wänden ist Vorsicht geboten (Absturzgefahr).
Einkehr: Ghs. in Mayerling, Peilsteinhaus, Peilsteinhütte, Ghs. in Weissenbach.
Variante: Wandfußsteig am Peilstein.
Tipp: Tropfsteinhöhle am Buchberg bei Alland, Wallfahrtskirche Maria Raisenmarkt, Arnsteinhöhle, Arnsteinnadel.

In **Alland**, am Fuße des Allander Buchbergs (Tropfsteinhöhle), beginnt der rot bezeichnete Kronprinz-Rudolf-Weg, der uns an den Rand der Nachbarortschaft **Mayerling** führt. Kloster und Jagdschloss, die wir links im Rahmen eines Abstechers erreichen, sind Anziehungspunkte für in- und ausländische Touristengruppen. Die in Mayerling querende, rot-weiß-rot gekennzeichnete **Via Sacra** verbindet die Wallfahrtsorte Heiligenkreuz, Maria Raisenmarkt, Hafnerberg und Mariazell; wir folgen ihr nach rechts. Bald hinter **Maria Raisenmarkt** zweigt am Fuß des Peilstein-Höhenzugs links der steil ansteigende, nun wieder rot markierte Weg zur **Ruine Arnstein** (520 m) ab. Etwas abseits von unserem Weg locken die große, rauchgeschwärzte Arnsteinhöhle und die zierliche, frei stehende Arnsteinnadel – das Ziel einiger schwieriger Kletterrouten.

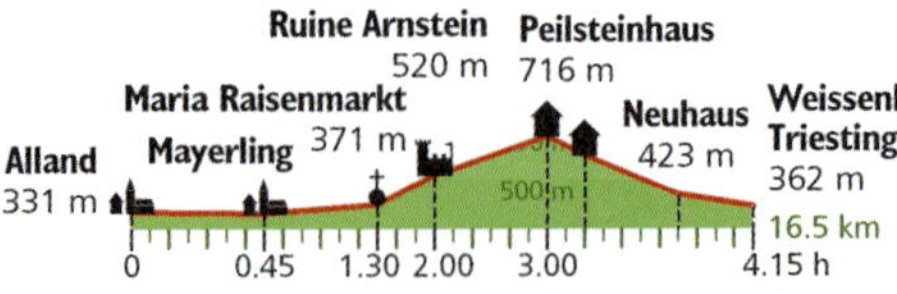

Im weiteren Verlauf gewinnt unser Wanderweg gemächlicher an Höhe und führt uns durch Wald über den Schlossberg (606 m) zum **Peilstein**. Das **Peilsteinhaus** am Gipfel wird in der Saison von vielen Kletterern besucht, die in den wenige Meter entfernten Peilsteinwänden (Absturzgefahr!) üben. Der sogenannte Wandfußsteig umrundet die bizarren Felsformationen (Steinschlaggefahr!). Nur wenige Minuten unterhalb des Gipfels befindet sich die urige **Peilsteinhütte**. Von dort steigt man mit der roten Markierung nach **Neuhaus** ab. Viele ehemalige Hotels und Pensionen erinnern hier an die Zeit der Sommerfrischen. Abseits der Straße bringt uns der Weg nach **Weissenbach an der Triesting**, wo die Bahn nach Leobersdorf die Rückkehr in den Wiener Raum gewährleistet.

24

Über Hafnerberg nach Kleinmariazell

3.15 Std.

Auf der Via Sacra in Richtung Mariazell

Die Wallfahrer prägten über viele Jahrhunderte hinweg die Landschaft zwischen Wienerwald und Voralpen. Unsere bis Kaumberg erweiterbare Wanderung am Fuße von Peilstein und Schöpfl erschließt zwei der Zeugnisse der klerikalen Geschichte der Region: die Kirchen von Hafnerberg und Kleinmariazell. Durch die Stilllegung des Bahnabschnitts, der einst Weißenbach an der Triesting mit unserem Ausgangspunkt und Hainfeld verband, sind Wanderungen beiderseits des Triestingtals für Wanderer ohne Auto leider mühsam geworden. Doch die Möglichkeit, die kulturell hochinteressante Wanderung mit einem Ausflug zur Araburg oder Touren auf Hocheck, Kieneck oder Unterberg zu kombinieren, wiegt die schlechte Verkehrsanbindung auf.

Ausgangspunkt: Altenmarkt an der Triesting, Ortsmitte, 410 m, Bushaltestelle (Rufbus), Parkmöglichkeit.
Höhenunterschied: 90 m.
Anforderungen: Mäßige Steigungen.
Einkehr: Gasthäuser in Hafnerberg, Kleinmariazell und Altenmarkt an der Triesting.
Varianten: 1. Zusatztour auf den Festenberg bei Hafnerberg (plus 1 Std.); 2. Von Kleinmariazell über die St.-Corona-Straße und Untertriesting nach Kaumberg (Mariazeller Weg 406, s. auch Tour 25).

Ausgangspunkt der Rundwanderung ist die Ortsmitte von **Altenmarkt an der Triesting**. Der Wienerwald-Weitwanderweg 404 quert hier das Triestingtal. Wir folgen seinen guten, rot-weiß-roten Bezeichnungen in Richtung Haf-

Im Klosterhof der renovierten Kirchenanlage von Kleinmariazell.

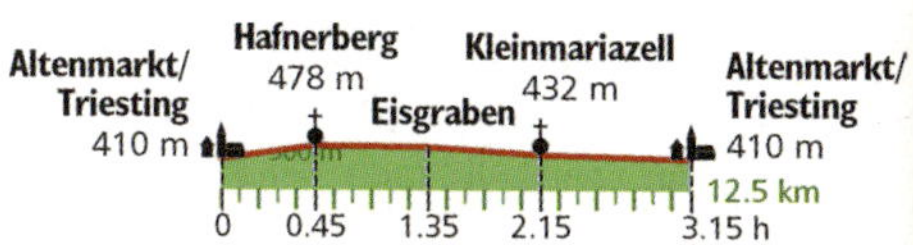

nerberg. Von der Bundesstraße machen wir wir uns auf zur nördlichen Hangseite, wo der Wallfahrerweg in Richtung Hafnerberg anzusteigen beginnt. An der Kreuzung mit der Straße nach Hafnerberg besteht die Möglichkeit, auf einem steilen Waldweg den Festenberg zu besteigen (Variante 1, Wegtafel).

In **Hafnerberg** (478 m), dessen prächtige Wallfahrtskirche weithin sichtbar ist, verlassen wir den Weg 404 und schwenken links in die ebenfalls rot-weiß-rot markierte **Via Sacra** ein, die Wiener Wallfahrerroute von Hinterbrühl nach Mariazell. Zunächst geht es im Wald bergan, dann an Einschichthöfen vorbei und hinab in den **Eisgraben**. Eine durch ausgedehnte Waldungen verlaufende Forststraße verbindet die dortigen Anwesen mit **Kleinmariazell** (432 m). Dort wurde die ehemalige Stiftskirche liebevoll restauriert und eine junge Klostergemeinschaft gebildet.

Der Mariazeller Weg 406 führt ausdauernde Wanderer von Kleinmariazell über St. Corona am Schöpfl weiter bis nach Kaumberg (Variante 2, zu Kaumberg vgl. Tour 25). Wer den Ausgangsort Altenmarkt erreichen möchte, muss der Straße und dem **Klosterbach** talaus folgen. Nach rund 750 m mündet die St.-Corona-Straße ein, die ins Triestingtal hinabsteigt. In den letzten Jahren wurden im Bereich des Wallfahrerweges Wien – Mariazell fünf sogenannte Via-Sacra-Rundwanderwege angelegt, darunter einer, der Altenmarkt umrundet. Wir folgen seinen vereinzelt angebrachten gelben Wegschildern und beenden unsere Wanderung in **Altenmarkt an der Triesting**.

25 Araburg, 799 m

4.00 Std.

Blick von den Voralpen auf den Wienerwald

Die Araburg (Adlerburg), höchstgelegene Burg Niederösterreichs, wurde im 12. Jahrhundert durch die Arberger erbaut. Seit der Belagerung durch die Türken im späten 17. Jahrhundert ist sie dem Verfall preisgegeben. Der prächtige Ausblick vom Bergfried lässt erahnen, an welch strategisch wichtigem Punkt die Burg errichtet wurde. Heute ist sie Ziel eines lohnenden Ausflugs, der sich gut mit einem Besuch in Hafnerberg oder Kleinmariazell verbinden lässt.

Ausgangspunkt: Kaumberg, Ortsmitte, 494 m, Bus 552 vom Südtiroler Platz in Wien (Mai bis Dez., nur wochentags), Rufbus 556 von Weißenbach an der Triesting, Parkmöglichkeiten.

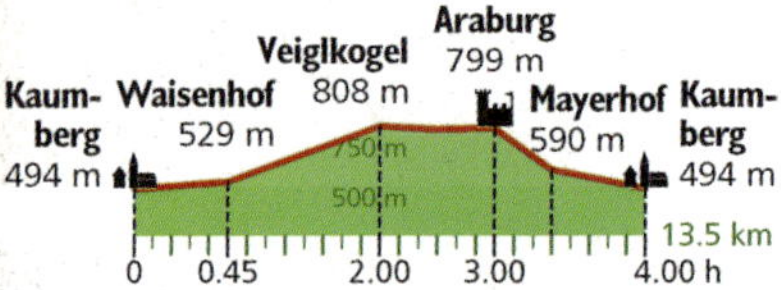

Höhenunterschied: 320 m.

Anforderungen: Langer Anstieg durch das Kühtal auf den Veiglkogel.

Einkehr: Ghs. in Kaumberg, Burgstüberl in der Araburg.

Tipp: Ein besonderes Ereignis sind die Kaumberger Burgschauspiele, die im Juli und August jedes ungeraden Jahres von einer örtlichen Laienschauspieltruppe auf der Araburg aufgeführt werden. Der Erlös aus dem Kartenverkauf kommt dem Erhalt der Burg zugute. Infos und Termine unter www.araburg.at.

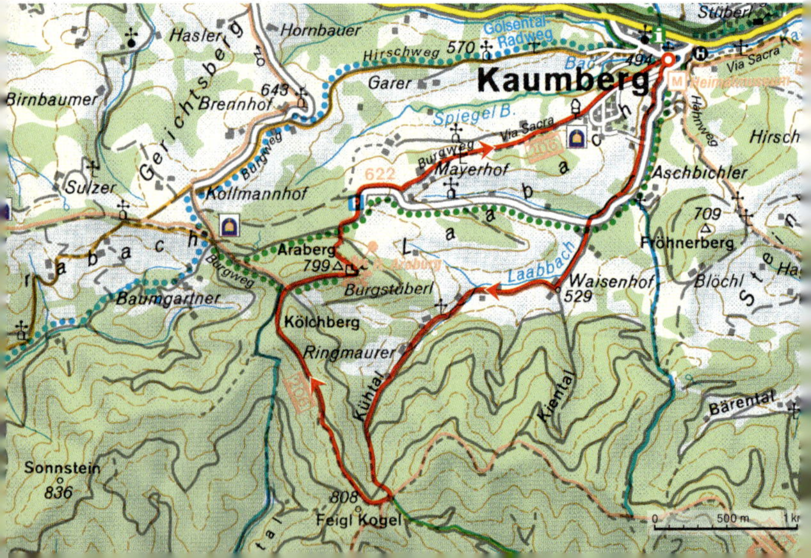

Wir beginnen unsere Wanderung in der Ortsmitte (Brunnen) von **Kaumberg**. Ein leicht ansteigender, rot markierter Fahrweg führt uns am Laabbach entlang nach Süden. Nach etwa 2 km nehmen wir links den schmaleren Fahrweg, der weiter dem Laabbachtal folgt. Er passiert zunächst den **Waisenhof** und läuft dann im Kühtal unterhalb der Araburg entlang. Vorbei an zwei Gehöften steigt der sich verjüngende Weg durch den Wald auf den Höhenzug, der sich zwischen Hocheck und Unterberg erstreckt. Im Bereich **Veiglkogel** (808 m, mehrfache Wegkreuzung, Wegtafeln) haben wir den höchsten Punkt erreicht. Gemeinsam mit den Wegen 622 und 06 folgen wir dem nordwestwärts abfallenden Waldrücken und kommen zu einer Straße, auf der wir rechts in einer Viertelstunde mäßig zum Tor der **Araburg** ansteigen.
Nach Besichtigung der Burg gehen wir nicht auf der Burgstraße zurück, sondern steigen im Wald nordwärts steil in Richtung **Mayerhof** (590 m) ab. Vorbei an einem Besucherparkplatz geht es über den aussichtsreichen Rücken über dem Laabachtal, dann steigen wir über sanfte Wiesen nach **Kaumberg** ab, wo sich am Brunnen in der Ortsmitte unsere Runde schließt.

Vom mächtigen Bergfried der Araburg (oben) hat man einen herrlichen Ausblick auf die Voralpenberge und bis zum Ötscher (unten).

26 Schöpfl, 893 m

3.30 Std.

Der höchste Berg des Wienerwalds

Mit steilen Waldflanken erhebt sich der höchste Wienerwaldberg über das Quellgebiet von Schwechat und Tulln. Am abseits des Hauptgipfels gelegenen Mitterschöpfl befindet sich das nicht öffentlich zugängliche Figl-Observatorium. Etwas schwierig ist leider die An- und Abreise, die genau geplant werden muss.

Gipfelkreuz am Schöpfl.

Ausgangspunkt: Laaben, Laabnerhof, Haltestelle der Buslinie 1089 von Neu- und Altlengbach (verkehrt nur Mo. bis Sa.), Parkmöglichkeit.

Endpunkt: Klammhöhe, Haltestelle der Buslinie 1089 nach Laaben (Bus verkehrt nur wochentags).

Höhenunterschied: 550 m im Auf- und 280 m im Abstieg.

Anforderungen: Tour mit voralpinem Charakter. Sehr langer, steiler und bei Nässe bzw. Schneelage anstrengender Aufstieg auf den Hinterschöpfl. Langer, Wind und Wetter ausgesetzter Abstieg zur Klammhöhe.

Einkehr: Schöpfl-Schutzhaus, Ghs. auf der Klammhöhe.

Varianten: Weitere Abstiegsmöglichkeiten nach 1. St. Corona am Schöpfl und 2. Schöpflgitter bei Klausen-Leopoldsdorf.

Teil des nördlichen Astes des Wienerwald-Weitwanderwegs 404 zwischen Grinzing und Kreisbach ist die Besteigung des Schöpfl von **Laaben** aus. Seine rot-weiß-roten Markierungen führen uns von Laaben über Wiesen und schütter bewachsene Hänge stetig ansteigend in die Schöpfl-Nordflanke. Oberhalb des Forsthofes stößt der kürzeste Anstieg zu unserem Weg. Immer steiler steigt man

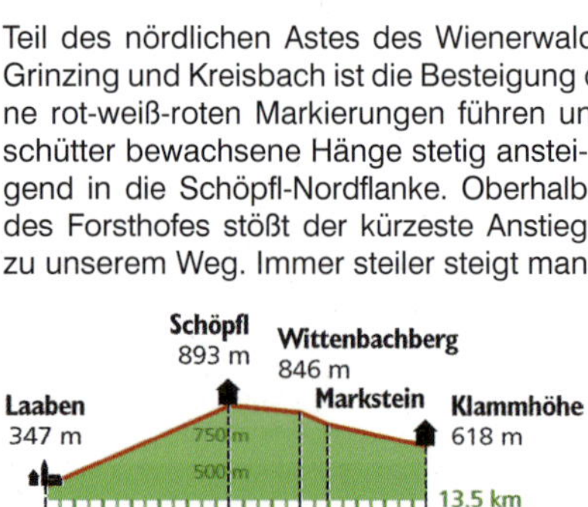

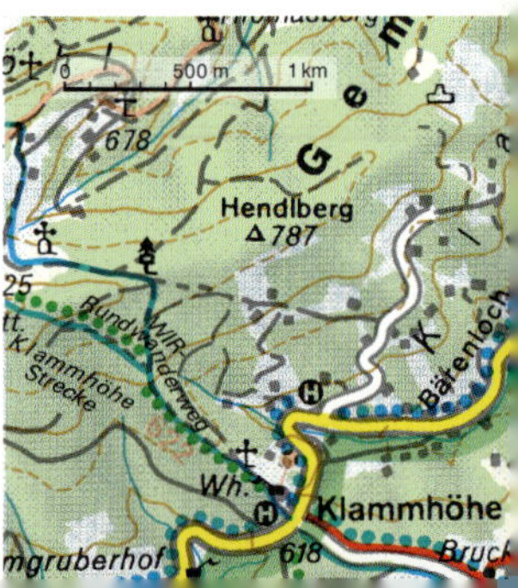

auf einem Steig in der Waldflanke an und erreicht schließlich den Höhenzug am **Hinterschöpfl**. Auf dem Versorgungsweg sind es nur wenige Minuten zum neuen **Schöpfl-Schutzhaus** (Abzweig von Variante 2). Etwas höher, am Hauptgipfel, steht die eiserne **Franz-Eduard-Matras-Warte**, die an klaren Tagen einen Weitblick von den Kalkhochalpen bis zum Waldviertel zulässt. Hier teilen sich die Abstiegswege – zur Klammhöhe (Hauptroute) und nach St. Corona (Variante 1). Die Hauptroute folgt dem Kammverlauf: Aussichtsreich, aber Wind und Wetter ausgesetzt geht es hoch über dem Laabenbachtal über **Wittenbachberg** (846 m) und **Markstein** (766 m) rasch bergab. Zuletzt nutzen wir den Fahrweg rechts zur **Klammhöhe** (Bushaltestelle).

27 Buchberg bei Neulengbach, 469 m

2.45 Std.

Über den Quellflüssen der Tulln

Die westlichen Ausläufer des Wienerwalds in der Umgebung von Neulengbach bieten – besonders dank der Bemühungen des Vereins Wienerwald Initiativ Region (WIR) – schöne Wandermöglichkeiten. Die sehenswerte Burg Neulengbach und die satte Landschaft rund um den Buchberg sorgen dafür, dass sich Kultur- und Naturerlebnis bei dieser Tour gut kombinieren lassen.

Ausgangspunkt: Neulengbach, Bahnhof Neulengbach Stadt, 251 m, P+R-Anlage.
Höhenunterschied: 240 m.
Anforderungen: Bei Nässe mühsam.
Einkehr: Dorfgasthäuser an der Strecke, Gaststätten in Neulengbach, Berggasthaus auf dem Buchberg.

Variante: Von Burgstall nach Maria Anzbach (Bahnanschluss zum Ausgangspunkt und nach Wien).
Tipp: Burg Neulengbach mit einem zweifachen Wehrring, acht Rundtürmen, dem Vorbau mit sehenswertem Renaissanceportal und im Hof toskanischen Doppelsäulen und steinernem Brunnenbecken.

Die Bahnstation **Neulengbach** Stadt liegt nahe der Stadtmitte von Neulengbach. Zunächst überqueren wir die Hauptstraße und gehen hinüber zur **Burg**, die weithin sichtbar auf einer Erhebung über der Stadt steht. Bei der Umrundung des bewaldeten, frei stehenden Hügels sind Details der vielecki-

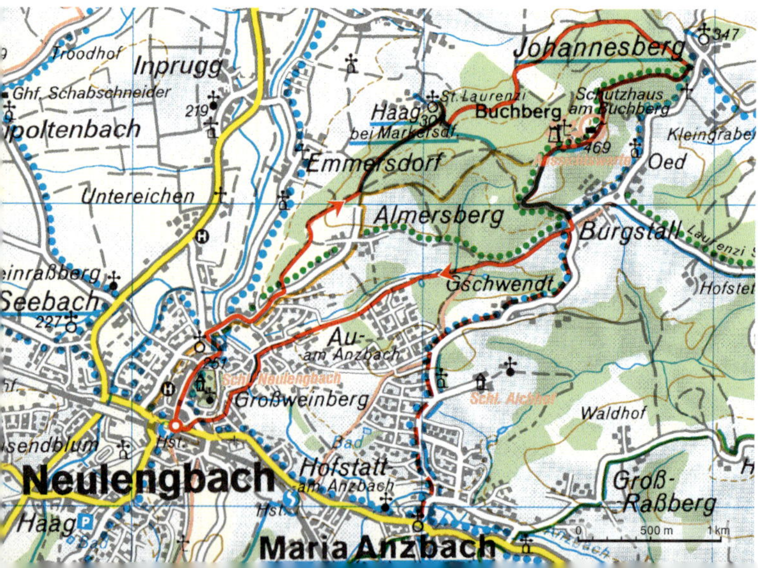

Bequeme Wege steigen auf den Buchberg. *Den Gipfel schmückt eine neue Warte.*

gen, dreigeschossigen Burganlage zu erkennen: der Wehrring, die Rundtürme, das prächtige Renaissancetor.

Zum Buchberg folgen wir nun dem gelb bezeichneten Weg über den Anzbach und wandern über dem Tal der Großen Tulln nach **Haag**. Hier bestünde die Möglichkeit, direkt zum Buchberg anzusteigen, doch bieten sich auf dem Hangweg nach **Johannesberg** (347 m) vielfältige Ausblicke Richtung Norden (Tullnerfeld, Donautal). In Johannesberg beginnt der Fahrweg zum **Buchberg** mit dem seit 2003 wieder bewirtschafteten Berggasthaus und der neu errichteten Aussichtswarte.

Beim Wasserreservoir am Buchberg finden wir blaue Bezeichnungen vor, die uns zu den Häusern von **Burgstall** (330 m, Abzweig der Variante) hinabführen. Rote Markierungen weisen uns schließlich den Weg über die Ausläufer des Buchbergs zum Stadtrand von **Neulengbach**. Wir umrunden den Schlossberg und erreichen bald darauf den Endpunkt unserer Wanderung, den Bahnhof unweit des Zentrums von **Neulengbach**.

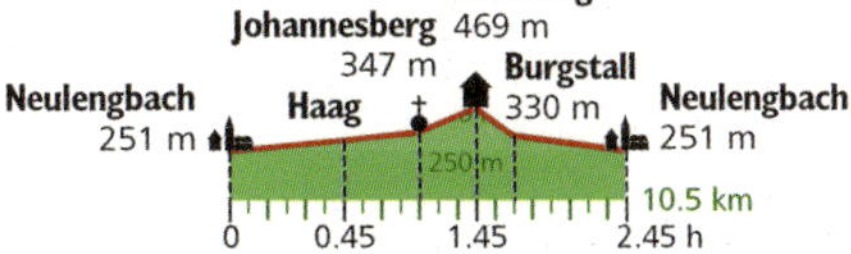

28 Troppberg, 542 m

3.00 Std.

Von Purkersdorf über die Hochramalm auf den Troppberg

1999 wurde der Jakobsweg quer durch Österreich erstmals provisorisch mit Lärchenschildchen bezeichnet, seit 2011 besteht eine solide Beschilderung von Purkersdorf Richtung Westen. Höhepunkt der ersten Etappe, die wir auf dieser Tour begehen, ist der Troppberg, ein klassisches Wienerwald-Ausflugsziel, »geadelt« durch gleich zwei Warten: Nachdem die steinerne Warte von 1870 zwischen den hoch aufstrebenden Laubbäumen verschwand, baute man 1991 einfach eine höhere aus Stahl daneben! Der Blick aus 25 m Höhe von den scheinbar grenzenlosen Wienerwald-Waldflanken bis zum Schneeberg und zum Ötscher entschädigt für den luftigen Treppen-Anstieg.

Ausgangspunkt: Purkersdorf bei Wien, Bahnhof Purkersdorf Zentrum, 248 m, S- und Regionalbahn vom Wiener Westbahnhof, Parkmöglichkeiten.
Endpunkt: Riederberghöhe, 384 m, Haltestelle der Buslinie 547 nach Purkersdorf-Sanatorium, Rückkehr zum Ausgangspunkt zu Fuß oder mit der S-Bahn.
Höhenunterschied: 330 m im Auf- und 190 m im Abstieg.
Anforderungen: Steiler Anstieg zum Hochramberg, sonst schöner Höhenweg.
Einkehr: Hochramalm, Ghs. Riederhöhe.
Variante: Vom Troppberg weiter nach Rekawinkel (schöner Höhenweg, Wienerwald-Weitwanderweg 404).

Die Hochramalm ist ein herrlich uriger Ort für eine Einkehr!

Tipp: Kleiner Teich zum Bootfahren an der Hochramalm.

Vom Bahnhof **Purkersdorf** Zentrum sind es nur wenige Meter zur Fußgängerzone in Purkersdorf, die, links haltend, zur Umfahrungsstraße gequert wird. Ihr folgen wir etwa 500 m nach links, bis links der rot bezeichnete Weg zur **Hochramalm** abzweigt. Steil steigen wir über einem Waldgraben zur freien Almfläche empor.
Nun steht uns der anstrengende Anstieg auf den **Hochramberg** (459 m) bevor. Oben folgen wir an einer Gabelung rechts dem grün bezeichneten Adolf-Samper-Weg, der von Purkersdorf heraufkommt und uns über den **Buchberg** (428 m) führt. Unterwegs sehen wir vereinzelt verwaschene gelbe Farbzeichen oder blaue Kartonplättchen mit einem Hermeskopf. Sie stammen vom Versuch, den 53 km langen Hermesweg dauerhaft zu markieren.
Sandige Böden begleiten den Wanderer zum **Troppberg**. Der Gipfel mit der Troppbergwarte liegt etwas abseits des Höhenweges, der in Richtung Rekawinkel davonzieht (Variante). Wir aber biegen an der Wegkreuzung mit den gelben Wegschildern scharf rechts zum Riederberg ein. Der rot-weiß-rot markierte Weg folgt dem zum Riederberg abfallenden Waldrücken; viele querende Güterwege erfordern besondere Aufmerksamkeit. Schließlich geht es rechts zur **Riederberghöhe** (384 m) mit Ghs. und Bushaltestelle. Kaum vorstellbar, dass bis zum Bau der Westautobahn der gesamte Verkehr von Wien nach Linz über diesen Sattel rollte …

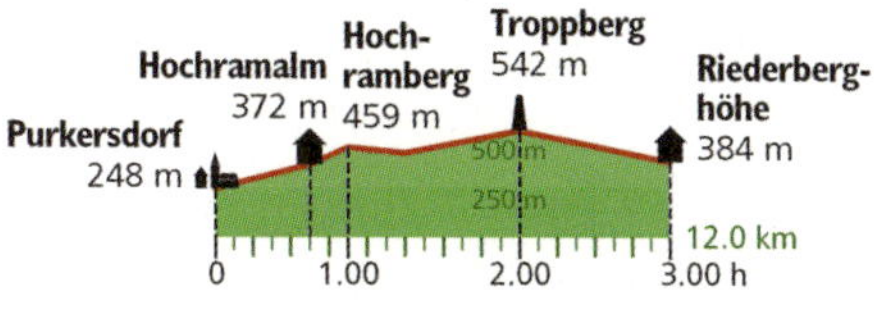

29 Tulbinger Kogel, 494 m

4.00 Std.

Von der ehemaligen Kartause Mauerbach zur Leopold-Figl-Warte

Das älteste Kartäuserkloster in Niederösterreich wurde nach langer Zeit des Verfalls Stück für Stück restauriert und beherbergt mittlerweile verschiedene Werkstätten des Denkmalpflegeamts. Die originelle Warte am Gipfel des Tulbinger Kogels ermöglicht den Ausblick vom Rand des Wienerwalds über das Tullnerfeld bis hin zum Wagram und den Hügeln des Weinviertels.

Ausgangspunkt: Mauerbach, Busbahnhof, 287 m, Haltestelle der Buslinien 249 und 250 von Wien-Hütteldorf, Parkmöglichkeit.
Höhenunterschied: 220 m.
Anforderungen: Mäßige Anstiege, lediglich vom Hotel Tulbingerkogel zur Warte kurzer, steiler Anstieg; bei Nässe mühsam, tiefe Böden.
Einkehr: Ghs. Hirschengarten, Passauerhof, Hotel Tulbingerkogel, Ghs. Hainbuch, Gasthäuser in Hainbuch und Mauerbach

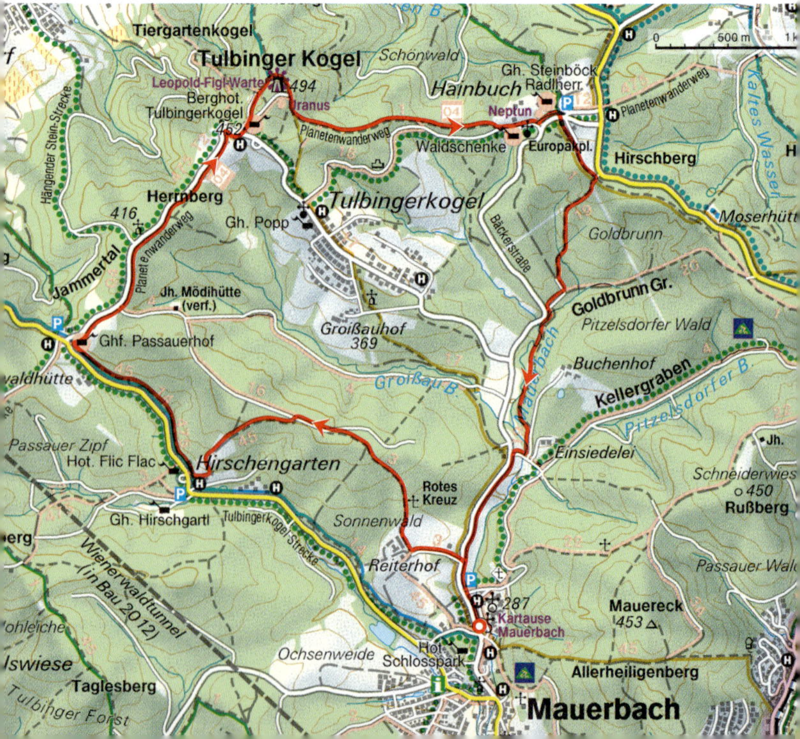

Von der Aussichtsplattform der Leopold-Figl-Warte auf dem Tulbinger Kogel hat man einen Rundblick auf die verschiedenen Wandergebiete rund um Wien.

Zwei markierte Wanderwege verbinden **Mauerbach** mit dem **Hirschengarten**. Der schönere, weil straßenferne und aussichtsreiche Weg ist rot markiert; er führt am Reitsportzentrum Mauerbach an der Feldwiese vorbei und bleibt eine Weile auf einem Waldrücken, um uns bald wieder ins Tal und zum Ghs. Hirschengarten zu bringen. Entlang der leicht über den Herrnberg ansteigenden Straße kann man ohne Anstrengung zum **Passauerhof** gelangen. Hier quert der Wienerwald-Weitwanderweg 404, dessen rot-weiß-roter Bezeichnung wir rechts auf einer Straße folgen, die uns unmittelbar an den Fuß des **Tulbinger Kogels** gelangen lässt. Hinter dem gleichnamigen Hotel ist das einzig steile Wegstück zu überwinden, doch schon 40 Hm später steht der Wanderer vor der spiralförmig angelegten Leopold-Figl-Warte. 89 Stufen sind es bis zur Aussichtsplattform; Lohn für die Anstiegsmühen ist u. a. der weite Blick, der bis zum Schöpfl reicht, dem höchsten Berg des Wienerwalds!
Weiter geht es auf unserem rot-weiß-rot markierten Weg. Buchenwald begleitet uns am Höhenzug, der den Wienerwald zum Tullnerfeld hin abgrenzt. Bald aber lassen wir den Wald hinter uns und gelangen zum Ghs. **Hainbuch**, einem beliebten Ausflugsziel der Wiener. Hier verabschieden wir uns von der Route 04, überqueren die Bäckerstraße und gehen auf einem gelb bezeichneten Weg schräg rechts auf die Bundesstraße zu.
Im Bereich **Hirschberg** zweigt der rot bezeichnete Weg Nr. 19 rechts vom gelb markierten Weg nach Mauerbach ab. Auf ihm geht es vorbei am Goldbrunn, einer Quelle des Mauerbaches. Am Talboden verläuft unser zunächst noch mit der 19 und später mit der 21 gekennzeichneter Weg links der Straße. Nach einigen Richtungsänderungen (Achtung, von links münden zwei markierte Wanderwege ein; stets die Hauptrichtung »talaus« beachten!) erreichen wir beim Friedhof oberhalb der ehemaligen Kartause **Mauerbach**. In der **Kartause** selbst beeindrucken die restaurierten Einzelzellen der Mönche, die um einen rechteckigen Hof angeordnet sind.

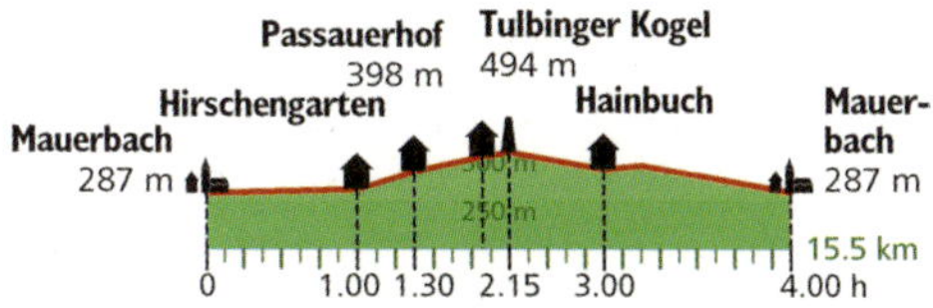

30 Tempelberg, 403 m

3.30 Std.

Am nördlichsten Berg des Wienerwalds

Ein bezeichneter Wanderweg erschließt seit Jahren das rechte Donauufer zwischen Tulln und Greifenstein. Die vorgeschobene Lage des Tempelberges ermöglicht einen weiten Ausblick vom Tullnerfeld bis zum Weinviertler Hügelland. Beim Abstieg vom Weißen Hof nach Klosterneuburg genießt man hingegen den Panoramablick von Korneuburg bis zum Wiener Stadtgebiet.

Ausgangspunkt: St. Andrä-Wördern, Bahnhof, 177 m, S- und Regionalbahnanschluss an den Wiener Franz-Josefs-Bahnhof, Spittelau und Heiligenstadt, Parkplätze.
Endpunkt: Klosterneuburg, Bahnhof, Klosterneuburg-Kierling, 167 m, Rückkehr zum Ausgangspunkt mit der S- oder der Regionalbahn.
Höhenunterschied: 290 m im Auf- und 280 m im Abstieg.
Anforderungen: Kurzer, steiler Anstieg von Altenberg zur Tempelbergwarte.
Einkehr: Gasthäuser in Altenberg und Klosterneuburg.
Variante: 1. Abstecher zum Donaukraftwerk Greifenstein, 2. Zwischen Hadersfeld und Weißer Hof abkürzende Abstiege zu verschiedenen Haltestellen auf der Bahnline Tulln – Wien möglich.
Tipp: Bademöglichkeit im Donau-Altarm.

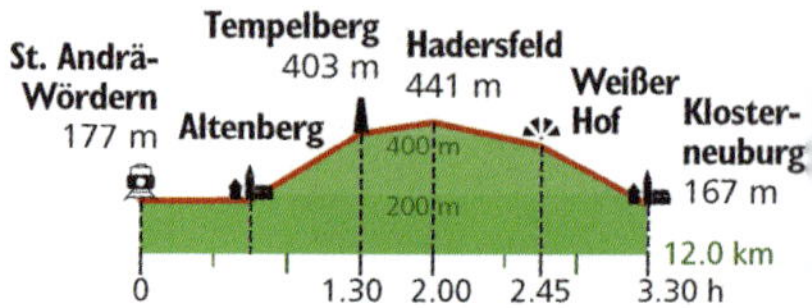

Mit rot-weiß-roten Zeichen, die den Weg von Wördern zu den Wochenendsiedlungen am Altarm der Donau markieren, überqueren wir am **Bahnhof St. Andrä-Wördern** den Gleiskörper der Franz-Josefs-Bahn. Noch bevor uns die Markierungen zum Altarm führen, verlassen wir rechts den Weg und stoßen bald an den Ortsrand von **Greifenstein** (Anschluss der Variante 1). Wir biegen rechts ab, queren die Bahnlinie und kommen zur Ortsstraße in **Altenberg**. Bergseitig finden wir an einer Bushaltestelle eine gelbe Bezeichnung vor, die uns recht steil einen Graben, die Adolf-Lorenz-Gasse, und später den **Tempelberg** emporführt. Auf der be-

waldeten Anhöhe befindet sich die steinerne, 17 m hohe **Tempelbergwarte**. Sie wurde 1908 zum 60. Regierungsjubiläum Kaiser Franz Josefs errichtet und ist von April bis Oktober an Sonn- und Feiertagen von 9 bis 12 und von 13 bis 17 Uhr geöffnet. Leider gibt es das Hadersfelder Gasthaus Hubertushütte nicht mehr, wo man früher den Schlüssel zur Warte bekam.
Wir folgen der gelben Markierung nun fast eben nach **Hadersfeld**, einem ehemals viel frequentierten Wanderzentrum im nördlichen Wienerwald. Gut ein Dutzend Wege kommen hier aus allen Himmelsrichtungen zusammen, darunter der Wienerwald-Weitwanderweg 404 mit der rot-weiß-roten Markierung, der uns in der Folge nach Klosterneuburg führt. Zum Leidwesen der Wanderer wurde die Straße nach Klosterneuburg, ein wichtiger Verkehrsträger für das Rehabilitationszentrum **Weißer Hof**, asphaltiert. Die eindrucksvolle Aussicht entschädigt zumindest ein bisschen, während wir über die zersiedelten Freiberghänge nach **Klosterneuburg** absteigen. Über Türkenschanz- und Ziegelofengasse kommen wir zur Albrechtsstraße, auf der es rechts zum belebten Stadtplatz unweit des **Bahnhofs Klosterneuburg-Kierling** weitergeht.

Zahlreiche Wasserflächen prägen das Wandergebiet nördlich der Donau, darunter die Obere Alte Donau zu Füßen des Donauturms im Wiener Stadtbezirk Donaustadt.

Weinviertel und andere Gebiete nördlich der Donau

Das Weinviertel oder auch »Viertel unter dem Manhartsberg« wird Richtung Süden von der seit dem späten 19. Jahrhundert regulierten Donau abgegrenzt. Die Furcht vor den Urgewalten des ungezähmten Flusses war so groß, dass die Erweiterung Wiens bis in die zweite Hälfte des 19. Jahrhunderts hinein davon beeinflusst wurde. Erst nach der Regulierung wurden aus den Dörfern am linken Ufer die Wiener Bezirke Floridsdorf und Donaustadt.
In der Wiener Pforte, dem Durchfluss hin zum Wiener Becken, unterbricht die Donau die Fortsetzung des Wienerwalds Richtung Norden. Doch auch linksufrig finden wir mit Bisamberg, Kreutwaldzug und – ein wenig stromaufwärts – dem Rohrwald mit Wasch- und Michelberg noch einige beliebte Ausflugsberge vor.
Durch den Bau der Donauinsel und die Flutung der Neuen Donau schuf man ein in Mitteleuropa einzigartiges Freizeitparadies. Eine 21 km lange Insel, der »Strand der Wiener«, entstand. Auf der Höhe ihres südlichen Endes und

noch auf Wiener Stadtgebiet breitet sich am Donaunordufer ein weitgehend ursprünglicher Auwaldstreifen aus: die Lobau. Sie ist Teil des Nationalparks Donau-Auen. Erinnerungen an Napoleon werden wach, wenn hier zahlreiche Gedenkstätten erwandert werden.
Ausgangspunkte für die Wanderungen in den Gebieten nördlich der Donau sind die Ortschaften Stockerau, Korneuburg, Langenzersdorf, Groß-Enzersdorf, Hautzendorf und der 21. Wiener Stadtbezirk Floridsdorf. Nennenswerte Sehenswürdigkeiten sind das Donaukraftwerk Greifenstein, der Korneuburger Stadtplatz, die Museen Langenzersdorf (Sanierungsarbeiten noch bis 2013), der Donaupark mit dem Donauturm, die UNO-City und das Lobaumuseum.

Auch im Weinviertel gibt es gut bezeichnete Hauptwanderwege wie z. B. den Ostösterreichischen Grenzlandweg 607 und den Weinviertelweg 632 (oben). Die lehmigen Böden (unten Güterwege am Bisamberg) sind bei trockenen Verhältnissen kein Problem.

31 In der Au

3.30 Std.

Am Nikolaus-Lenau-Weg durch die Stockerauer Au

Zwischen 1818 und 1821 weilte der junge Dichter Nikolaus Lenau gern im damaligen Markt Stockerau und verbrachte viele Stunden in der urwaldartigen Stockerauer Au, die wir auf dem nach ihm benannten Rundwanderweg erkunden. Höhepunkte der Tour sind der Abstecher zum Donaukraftwerk Greifenstein und der Gedenkstein Lenauhain nahe der Autobahn, der an einen Rastplatz des Dichters erinnert.

Ausgangspunkt: Stockerau, S-Bahnhof, 173 m, Parkhaus.
Höhenunterschied: Gering.
Anforderungen: Bei Hochwasser nicht begehbar, danach Mückenplage.
Einkehr: Gasthäuser in Stockerau, Sportzentrum Alte Au.

Tipp: Auch als Radwanderung durchführbar. Das Donaukraftwerk Greifenstein ist für Fußgänger und Radfahrer geöffnet; ein Wechsel auf das rechte Donauufer (Bahnhof Greifenstein-Altenberg) ist hier möglich. Sehenswerte Pfarrkirche und Automobilmuseum in Stockerau

Wanderweg in der Stockerauer Au.

Am stadtseitigen Bahnhofsvorplatz von **Stockerau** beginnt der blau-weiß-blau markierte Lenau-Weg, der zunächst zum **Sportzentrum Alte Au** führt. Hinter einer Gartensiedlung stoßen wir auf den dammbewehrten Göllersbach, mit dem wir unter der Autobahn hindurch ins ausgedehnte Naturschutzgebiet **Stockerauer Au** vordringen. Auf ebenen Naturwegen begleiten wir das Gerinne. Kurz nach der Einmündung einer Sandstraße steht man vor dem schon seit Jahren geschlossenen Ghs. **In der Au** (Jausenbänke vorhanden). Es folgt eine für das Augebiet typische Siedlung gleichen Namens, bestehend aus Hütten auf Stelzen und mit Bootshäusern. An einem Holzlagerplatz schwenkt der Weg rechts in Richtung Donau ein und bleibt auf einer der schnurgeraden Schneisen, bis uns die blau-weiß-blaue Markierung rechtwinklig nach links abbiegen lässt. Tafeln des weiß-gelb-weiß bezeichneten Donaukraft-Rundwanderwegs und des grün markierten Radwegs Stockerau – Kraftwerk Greifenstein zeigen an, wo wir den Lenau-Weg rechts in Richtung Donau verlassen, um bald darauf zum **Donaukraftwerk Greifenstein** zu kommen.

Nach der Besichtigung des beeindruckenden Kraftwerks, das den Fluss in seiner gesamten Breite überspannt, kehren wir zurück zum blau-weiß-blau bezeichneten Lenau-Weg und folgen ihm nun nordwärts in Richtung Stockerau. Am Rand einer weiten Fläche im sonst geschlossenen Augebiet befindet sich ein **Gedenkstein**, der sogenannte Lenauhain (Picknickplatz). Hier ist die nahe Autobahntrasse bereits hörbar und im Winter, wenn die Bäume laubfrei sind, auch sichtbar. Ein Durchlass lässt uns ins Stockerauer Siedlungsgebiet wechseln. Am Donaulände-Uferweg kommen wir links zum neuen Parkhaus vor dem **Bahnhof Stockerau**, unserem Ausgangspunkt.

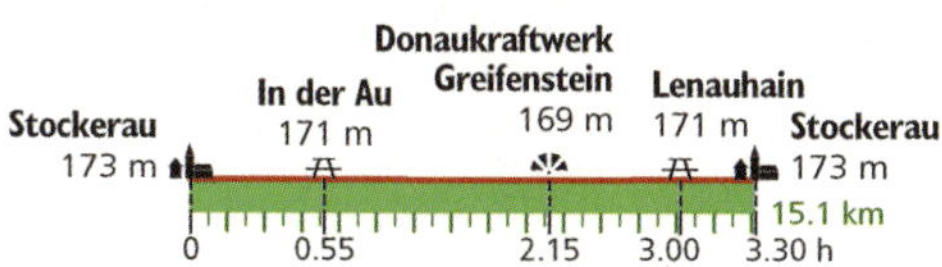

32 Stockerau – Langenzersdorf

5.45 Std.

Am Donaukraftweg von der Lenaustadt in die Schrammelgemeinde

In den letzten Jahren haben es sich zahlreiche Initiativen zum Ziel gesetzt, Österreich »radlbar« zu machen. Auch im südlichen Weinviertel wurden zahlreiche beschilderte Radwanderrouten geschaffen, darunter der Donaukraft-Wanderweg von Stockerau nach Langenzersdorf. Dieser Weg ist nicht nur für Radler, sondern auch für Wanderer gut geeignet. Weniger geübte Geher können die Tour in Korneuburg und am Bisamberg vorzeitig abbrechen.

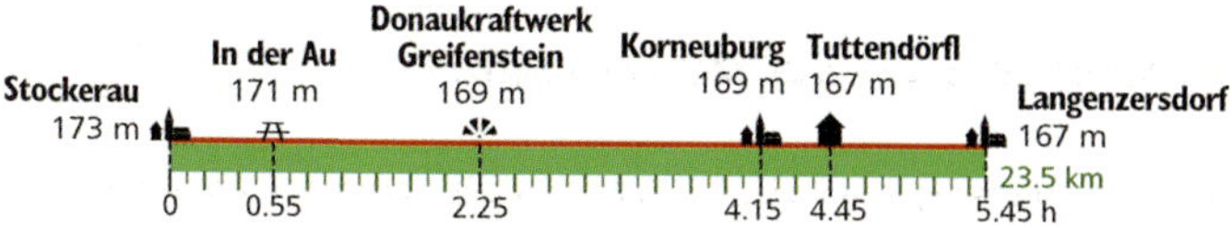

Ausgangspunkt: Stockerau, S-Bahnhof, 173 m, Parkhaus.
Endpunkt: Langenzersdorf, Bahnhof, 167 m, Rückkehr zum Ausgangspunkt mit der S-Bahn.
Höhenunterschied: Gering.
Anforderungen: Bei Hochwasser nicht begeh- und befahrbar, danach Mückenplage. Insgesamt 23,5 km.
Einkehr: Gasthäuser in Stockerau, Korneuburg, Tuttendörfl und Langenzersdorf.
Varianten: 1. Beschilderter Radweg über Spillern und Unterrohrbach nach Korneuburg; 2. Unterbrechung der Tour in Korneuburg oder Bisamberg (S-Bahn-Anschluss); 3. Fährfahrt (mit Radtransport) von Korneuburg nach Klosterneuburg und Rückkehr zum Ausgangspunkt über das Kraftwerk Greifenstein.
Tipp: Pfarrkirche und Automobilmuseum in Stockerau, Hauptplatz von Korneuburg, Museen in Langenzersdorf (derzeit noch im Umbau begriffen; Wiedereröffnung voraussichtlich 2013).

Wir beginnen unsere Tour am donauseitigen Vorplatz des Parkhauses am Bahnhof **Stockerau**. Die Zufahrtsstraße bringt uns unter der Autobahntrasse hindurch in die mehrere Kilometer breite Auregion **Stockerauer Au**. Vorbei am ehemaligen Ghs. **In der Au** geht es auf breiten Forststraßen, die schachbrettartig angelegt wurden, durch das Erholungs- und Naturschutzgebiet. Unterwegs zweigt links der blau-weiß-blau markierte Wanderweg nach Spillern und Korneuburg ab (Variante 1). Wir aber folgen den weiß-gelb-weißen Bezeichnungen des Donaukraft-Rundwanderweges auf die Privatstraße des **Donaukraftwerkes Greifenstein**. Bald geht es rechts in Richtung Donau. Entlang des eingezäunten Werkareals kommt man auf den Treppelweg am linken Donauufer. Bis zum Stadtgebiet von **Korneuburg** (Anschluss an die S-Bahn) gibt es dank der guten Kennzeichnung des Wegs keine Orientierungsprobleme.
Noch vor dem Werksgelände der ehemaligen **Schiffswerft** Korneuburg muss man den Treppelweg verlassen und auf zwei Brücken ein Randgebiet der Hofau durchqueren. Wo blaue Farbzeichen hinzukommen, biegen wir rechts in die Schiffwerftstraße ein. Vorbei am ehemaligen Werfteingang wird auf der Donaustraße wieder die Begleitstraße nahe der Donau erreicht. Motorbootanlegeplätze, Tanklager und mächtige Silos säumen den Uferbereich. Kurz vor dem **Tuttendörfl** passieren wir den Anleger der **Fähre** nach Klosterneuburg (Variante 3).
Hinter dem Tuttendörfl kann der nun asphaltierte Treppelweg bis zum **Donaugraben** oder sogar bis zu den Einlaufbauwerken von Marchfeldkanal und Neuer Donau begangen werden. In beiden Fällen gelangt man zu Stationen der S-Bahn: entweder in **Bisamberg** oder in **Langenzersdorf**, Ursprungsort der Schrammel-Musik (vgl. Tour 36).

33 Michelberg, 409 m, und Waschberg, 388 m

5.30 Std.

Am neuen Pilgerweg Weinviertel durch den Rohrwald

Unsere Rohrwalddurchwanderung führt uns über die beiden Aussichtsberge Michel- und Waschberg. Obwohl es sich um landwirtschaftlich intensiv genutztes Gebiet handelt, ist die Landschaft, die wir hier kennenlernen, besonders reizvoll. Zwischen Michelberg (Wallfahrtskirchlein) und Leitzersdorf (Jakobskirche) nutzen wir den neuen Jakobsweg Weinviertel, der am Ostermontag 2010 eröffnet wurde und der Route der seit Jahrzehnten bestehenden Weinviertler Wanderwege 632, 633 und 675 folgt.

Ausgangspunkt: Leobendorf, Bahnhaltestelle Leobendorf-Burg Kreuzenstein, 172 m, P+R-Anlage.
Endpunkt: Stockerau, S-Bahnhof, 173 m. Rückkehr zum Ausgangspunkt mit der S-Bahn.
Höhenunterschied: 300 m in Auf- und Abstieg.
Anforderungen: Mehrere kleine Anstiege, die in der Gesamtheit Ausdauer erfordern. Bei Nässe tiefer Boden und beschwerlich.
Einkehr: Ghs. Goldenes Bründl, Ghs. Michelberg (an Wochenenden geöffnet), Gasthäuser und Heurige in Leobendorf, Leitzersdorf und Stockerau.
Tipp: Waldlehrpfad am Goldenen Bründl;
Hinweis: Der neue Jakobsweg Weinviertel führt von Mikolov in Tschechien unweit der österreichischen Grenze bis Mautern an der Donau. Er ist Teil des bedeutenden Pilgerwegs von Tschenstochau (Polen) über Brno (Tschechien) nach Mariazell (Österreich); in Krems an der Donau besteht Anschluss an die Hauptroute, die nach Santiago de Compostela führt.

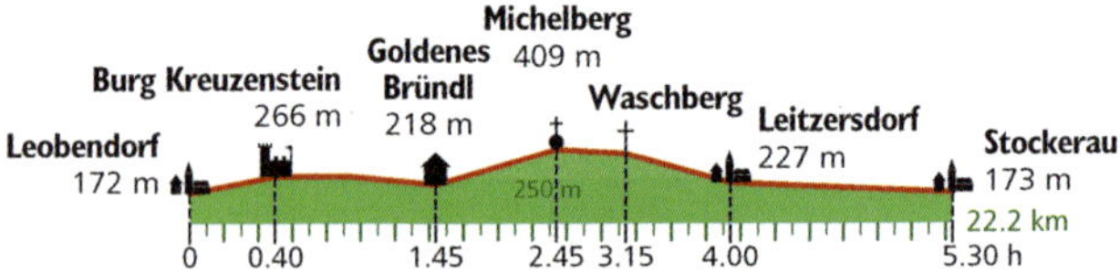

Der eigentliche Einstieg in die Tour ist in **Leobendorf** an der Kreuzung Stockerauer Straße/Kreuzensteiner Weg, die man von der Bahnhaltestelle über Bahngasse, B 3 und Stockerauer Straße in wenigen Minuten erreicht. Zunächst steigt man rot-weiß-rot bezeichnet in Richtung der **Burg Kreuzenstein** (s. Touren 34 und 35) an, die wir jedoch in Sichtweite rechts liegen lassen. Auf den kurzen Abstieg zur Straße zwischen Oberrohrbach und Leobendorf folgt – weiterhin rot-weiß-rot markiert – ein kurzer Anstieg auf den **Sonnwendberg** mit einem Wasserreservoir. Sanft geht es weiter zum Fahrweg, der das bereits sichtbare Gestüt **Schaflerhof** – den ehemaligen Gutshof der Burg Kreuzenstein – versorgt. Nach Unterquerung mächtiger Hochspannungsleitungen kommt man zum Saum des **Rohrwalds**. Auf sanft abstei-

Der Waschberg mit seinen Wiesenhängen ist ein guter Aussichtsberg und Rastplatz.

gendem Waldweg, später Forststraße, wird das **Ghs. Goldenes Bründl** erreicht. Wir befinden uns nun im Zentrum des Erholungswaldgebietes Rohrwald, dessen Name vom Schilfrohr her stammt, das auf den feuchten Wiesen im Wald zu finden ist. Der Rohrwald lockt an Wochenenden mit seinen zahlreichen Wanderwegen sowie einem Radrundwanderweg und einem Waldlehrpfad viele Ausflügler an; sonst ist es hier erholsam ruhig.

Am **Parkplatz** des Gasthauses zeigt uns ein Wegschild den Weiterweg: Auf einer Forststraße geht es nun grün markiert fast eben entlang der sogenannten Langen Wiese zu einem hölzernen Hinweispfeil. Dort überqueren wir links die Wiese und einen schmalen Bachlauf. Bei zunehmender Steigung gelangt man im Wald entweder links am grün bezeichneten Wanderweg oder rechts haltend (Holzpfeil »Michelberg«) auf einer Forststraße in die freie Senke zwischen Wasch- und Michelberg. Rechts führt eine grün markierte Straße zum an Wochenenden geöffneten **Gasthaus Michelberg**, von wo uns

0 500 m 1 km
Hatzen
Schönfeld
Haselbach
232
Michel
190
In der Sulz
Wollmannsberg
(236)
Hirschbergen
208
201
H. Czettel-Rundwanderweg
Wasch Bg.
388
382
253
Leitzersdorf
(227)
Obere Lüsse
225
Im Greut
Res.
Leiserbergweg
222
229
Im Engholz
Tiefsteigfelder
Senning B.
209
226
Teufelsmühle
Leitzersbrunnfeld
218
Wiesen
H. Czettel-Rundwanderweg
206
Fb.
Hochstätten
Erholungszentrum
218
Bad
Stockerau
(176)
205
Heidfeld
Rohrb
Unterroh
(176)
Kläranlage
Marienhof
Bhf.
Donaukraft-Wanderweg
STOCKERAU/MITTE
Fh.
A22
Spillern
(170)
Bhf.
171
STOCKERAU/OST
N. Lenau-Rundweg
In der Au
Donaukraft-Wanderweg
169
Naturschutzgebiet Stockerauer Au
Graingut
Stockerauer Arm
Kreuzeichenboden
168
169

ein unbezeichneter Weg zur höchsten Erhebung des Rohrwalds bringt: dem aussichtsreichen **Michelbergsgipfel** mit dem Wallfahrtskirchlein. Anschließend kehren wir – nun auch vom gelben Hinweispfeil »Jakobsweg Weinviertel« begleitet – zum Sattel zurück und nehmen nun den anderen, vormals linken Weg. Grüne Bezeichnungen leiten uns in die Waldflanke des **Waschbergs**, dessen Gipfelkreuz wir erst knapp vor der Anhöhe erblicken. Oben ermöglichen freie Wiesenhänge einen großartigen Rundblick, der vom Wienerwald über den Ötscher, das Donautal bei Stockerau und das Weinviertler Hügelland bis hin zu den Leiser Bergen reicht. Ein steiler Karrenweg, der später in einen Feldweg übergeht, bringt uns rasch nach **Leitzersdorf**.

Am Schießplatz biegt der Weg links in die »Hintaus«-Straße. Wo die Wiesener Straße übersetzt wird, kann rechts ein Abstecher zur Jakobskirche gemacht werden. Stets unserer grünen Markierung folgend wandern wir nun abseits des Straßenverkehrs über weithin offenes Land nach **Stockerau**. Durch eine neue Siedlung kommt man zu einer weiteren Wiesener Straße und auf ihr rechts zur Bundesstraße. Die Bezeichungen weisen uns kurz in Richtung Stadtmitte und dann an einer Ampel links in eine Siedlung und über die Geleise der Nordwestbahn zum Donaulände-Uferweg. Hier münden von links der blau-weiß-blau bezeichnete Lenau-Weg und der Donaukraft-Rundwanderweg ein, die beide die Stockerauer Au erschließen. Rechts ist bald der **Bahnhof** Stockerau erreicht.

34 Schliefberg, 245 m

4.00 Std.

Am Nico-Dostal-Weg durch das Korneuburger Becken

Am 27. November 1895 wurde der Komponist Nico Dostal in Korneuburg geboren, dessen Lieder und Operetten weit über die Ortsgrenzen hinaus Bekanntheit erlangten. Der Wanderverein Korneuburg hat ihm den 18 km langen Nico-Dostal-Weg gewidmet, der die drei beliebten Ausflugsziele Hofau, Schliefberg und Burg Kreuzenstein erschließt.

Ausgangspunkt: Korneuburg, Bahnhof, 167 m, P+R-Anlage.
Höhenunterschied: 100 m.
Anforderungen: Bei Nässe schwierige Wegverhältnisse in der Hofau und bis Leobendorf.
Einkehr: Burgwirt an der Burg Kreuzenstein, Gasthäuser und Heurige in Leobendorf und Korneuburg.
Tipp: Burg Kreuzenstein, TVN-Rundwanderweg in Leobendorf (vor Ort beschildert), Hauptplatz von Korneuburg.

Blick über die Ausläufer des Schliefbergs auf die Korneuburger Bucht.

Der mit blauen Punkten markierte Nico-Dostal-Weg führt vom **Bahnhof Korneuburg** zur Unterführung. Wir gehen auf der Donaustraße zum Parkweg und folgen der schattigen Kastanienallee in Richtung A 22 Wien – Stockerau. Auf der Fischerzeile halten wir uns links und unterqueren dann rechts auf der Kanalstraße die Autobahn. Am Donauufer biegen wir rechts in die verkehrsberuhigte Donaustraße ein. Sie führt uns zum Gelände der ehemaligen Schiffswerft. Die Werftstraße lässt uns das weitläufige Gelände nahe der A-22-Trasse umgehen und mündet in die Straße Zum Scheibenstand am Rand der Hofau, die wir unweit eines Bundesheer-Übungsplatzes streifen. In der Folge bleibt man auf einem Fahrweg zwischen Hofau und A 22.
Erst an der **Bahnhaltestelle Leobendorf – Burg Kreuzenstein** werden die A 22 und die Bahntrasse gequert, wenig später auch die B 3. Auf der Stocke-

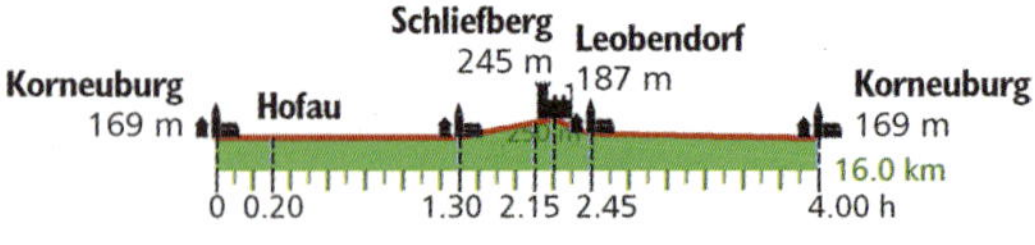

rauer Straße geht es Richtung Ortsmitte Leobendorf. Vor dem Heurigenlokal Paul biegt man jedoch links in die Schliefberggasse, die nach Unterrohrbach führt. Noch vor der Ortstafel zweigt rechts in spitzem Winkel ein Waldweg ab, der den **Schliefberg** erschließt. Man bleibt stets im Wald, überquert die Burgstraße und steigt zuletzt direkt und steil zur **Burg Kreuzenstein** (s. Tour 35) an. Dahinter geht es am Sportzentrum vorbei hinab nach **Leobendorf**. Am Siedlungsrand sieht man schon die Dabsch-Kaserne, die am Stadtrand von Korneuburg liegt. Die Weg-Bezeichnungen des Korneuburger und des Nico-Dostal-Rundweges wurden wegen der Arbeiten an der Schnellstraße S 1 großräumig verlegt. Wir folgen ihnen ins Korneuburger Stadtgebiet. Vorbei an der Handelsakademie und dem Pflegeheim leitet uns der blaue Punkt durch die Gässchen zum Bankmann-Ring. Die Kirchengasse führt an der Stadtpfarrkirche vorbei zum sehenswerten Hauptplatz mit dem Nico-Dostal-Gedenkstein. Von dort folgen wir unserer Markierung durch ein schmales Gässchen und über den Ring hinweg zurück zum **Bahnhof Korneuburg**.

35 Burg Kreuzenstein

3.30 Std.

Am Kreuzensteiner Rundwanderweg zur mittelalterlichen Idealburg

Auf den donautalseitigen Ausläufern des Rohrwalds thront weithin sichtbar die Burg Kreuzenstein, die in heutiger Version zwischen 1874 und 1906 erbaut wurde. Der gesamte Kreuzensteiner Rundwanderweg 636 ist 40 km lang und könnte von der Burg über das Goldene Bründl, Stetten, Hagenbrunn und den Bisamberg bis zum Ausgangspunkt Langenzersdorf weiterverfolgt werden. Wir beschränken uns auf die Etappe Langenzersdorf – Leobendorf.

Ausgangspunkt: Langenzersdorf, Bahnhof, 167 m, S-Bahn-Anschluss, P+R-Anlage.
Endpunkt: Leobendorf, Bahnhaltestelle Leobendorf – Burg Kreuzenstein, 172 m. Rückkehr zum Ausgangspunkt mit der S-Bahn.
Höhenunterschied: 145 m im Auf- und 140 m im Abstieg.
Anforderungen: Bei Nässe tiefe Bodenverhältnisse.

Einkehr: Restaurant Tuttendörfl, Gasthäuser in Korneuburg, Gasthäuser und Heurige in Leobendorf, Burgwirt an der Burg Kreuzenstein.
Tipp: Abstecher zum Hauptplatz von Korneuburg. In der Adlerwarte neben der Burg Kreuzenstein finden in der Saison (Anfang April bis Ende Oktober) zwei- bis dreimal täglich Greifvogel-Flugvorführungen statt, Infos und Termine finden Sie unter www.adlerwarte-kreuzenstein.at.

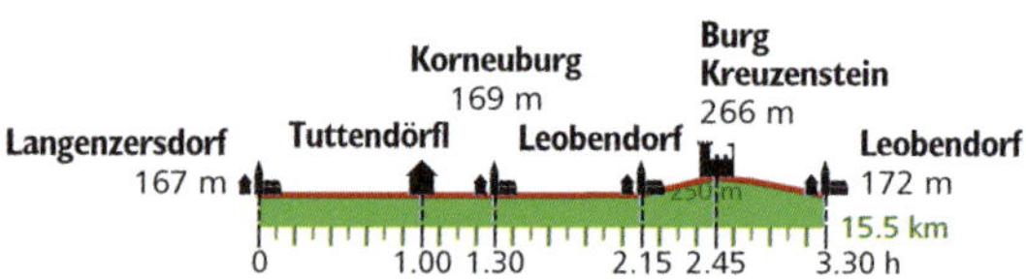

Der Kreuzensteiner Rundwanderweg 636, dem wir vom Ausgangspunkt bis zur Burg Kreuzenstein folgen, ist rot-weiß-rot markiert. Von der Unterführung beim **Bahnhof Langenzersdorf** gehen wir auf der Klosterneuburger Straße ein kurzes Stück donauwärts und biegen dann rechts in die Jahnstraße ein, die uns zu einem ehemaligen Auwäldchen bringt,

In Leobendorf wurden Stationen zu Themen der lokalen Geschichte eingerichtet, z. B. zur Sage vom »Wassermann im Burgbrunnen« der Burg Kreuzenstein.

Adlerwarte
226
Burgwirt
Burg Kreuzenstein
Kultur-zentrum
Leobendorf
Schliefberg
Donaukraft Wanderweg
Kreuzensteiner Rundwanderweg
Korneuburger Rundweg
N. Dostal-Weg
Tresdorf
176
Sagenhaft Radweg
Sport-zentrum
Teiritzberg
201
Gewerbepark Tresdorf
Fossilienwelt Stetten
KORNEUBURG/NORD
Am Wasweg
170
KORNEUBURG/WEST
LEOBENDORF
Badesee Kreuzenstein
Leobendorf-Kreuzenstein
S1
Hafner T.
Bade-teich
169
Nostalgie Express
KNOTEN KORNEUBURG/WEST
Ganserfeld
Hofau
E59
A22
Biege
Badeteich-Bisamberg
Korneuburg
Donaugraben
Autobahnstat. Korneuburg
168
Bhf.
Blue Danube Park
Werft
Strombad Kritzendorf
Stadt-museum
Korneuburger Rundweg
F. Berndl Bad
Bhf. Kritzendorf
Klosterneuburger Durchstich
Kr. W.
KORNEUBURG OST
Donauradweg
Rollfähren-Siedlung
Hst. Unt. Kritzendorf
Tuttenhof
Lourdesgrotte
Elisabethhö
K. Schrammel-Weg
Käferkrz.
327
Eichberg
Hst.
An den Mühlen
Happyland
Aupark
Langen
170
E59
Stadtmuseum
Augustiner Chorherrenstift
Strandbad
Bhf.
500 m
1 km
633
14
3
6

Die ebene Wiesenlandschaft zwischen Langenzersdorf und Korneuburg bietet nicht nur Wanderern und Radfahrern, sondern auch Golfern eine sportliche Heimat.

das heute Aupark genannt wird. Wir durchqueren das Wäldchen und kommen entlang der Siedlung Scheibenmais auf dem Weg 14, dem Doktor-Schreiber-Weg, dem Johann-Masser-Weg und der Straße An den Mühlen zur Bahnhaltestelle **Bisamberg**. Die Tuttenhofstraße bringt uns zur Straße Am Donaugraben, auf der wir links zur Donau vorstoßen. Nun biegen wir rechts in den Treppelweg ein, der uns am linken Donauufer entlang zum **Tuttendörfl** (Ghs., Getreidesilo) führt. Vorbei an der Anlegestation der Rollfähre Korneuburg – Klosterneuburg und einem Tanklager gehen wir bis zur Kanalstraße. Rechts führen uns die Bezeichnungen nun über die Gleise hinweg zum **Bahnhof Korneuburg**. Durch den Bahnhofspark geht es auf dem Ring über die B 3 hinweg zur Chimanigasse. Kurz darauf queren wir rechts zur Kreuzensteiner Straße, die uns links an den Stadtrand führt. Über die Schnellstraße S 1 hinweg und durch Ackerland steuern wir auf Leobendorf zu.
In **Leobendorf** steigen wir zuerst auf, dann neben der Burgstraße zur **Burg Kreuzenstein** auf (Vorsicht: tiefer Graben!). Die Gastwirtschaft neben dem Burgeingang ist nach jahrelanger Schließung inzwischen wieder geöffnet.
Nach der Besichtigung steigt man auf gleichem Weg nach **Leobendorf** ab. Zur **Bahnstation Leobendorf/Burg Kreuzenstein** gelangt man in rund einer Viertelstunde auf der Stockerauer Straße und – jenseits der B 3 – der Bahngasse.

Die Burg Kreuzenstein, eine aus den Jahren 1874–1906 stammende Schauburg, in die die Reste des Vorgängerbaus aus dem 12. Jahrhundert sichtbar eingebunden sind, erhebt sich imposant und weithin sichtbar über dem Donautal.

36 Bisamberg, 358 m

3.30 Std.

Auf den Spuren von Kaspar Schrammel

Am 20. Dezember 1895 verstarb Kaspar Schrammel, Vater von Johann und Josef Schrammel, die das weltberühmte Schrammel-Quartett gründeten, in Langenzersdorf. Vier Stätten der Erinnerung an den Komponisten und Klarinettisten können in dem kleinen Ort am nödlichen Donauufer erwandert werden: die Schrammelgasse, das Grab am Ortsfriedhof, das Heimatmuseum und Kaspar Schrammels früheres Wohnhaus.

Ausgangspunkt: Langenzersdorf, Bahnhof, 167 m, S-Bahn-Anschluss P+R-Anlage.
Höhenunterschied: 200 m.
Anforderungen: Zwei steinige Steilstufen beim Abstieg zur Bundesstraße.
Einkehr: Gasthäuser und Heurige in Langenzersdorf, Ghs. Magdalenenhof und Gamshöhe.
Variante: Auf dem neuen Kaspar-Schrammel-Weg von der Gamshöhe über den Rehgraben (Hohle Gasse) steil zurück in den Ort.
Tipp: Sehenswerte Pfarrkirche Hl. Katharina, Kaspar-Schrammel-Grab am Ortsfriedhof, Museen in der Oberen Kirchengasse (Wiedereröffnung nach Sanierung voraussichtlich 2013), Kaspar-Schrammel-Sterbehaus in der Korneuburger Str. 36 (Gedenktafel).

Die Klosterneuburger Straße begleitet uns vom **Bahnhof Langenzersdorf** die ersten paar Schritte in die donauseitig gelegene Siedlung. Beim Sportplatz biegt man links in den Bahnboden ein und später rechts in die Barwichgasse. Hier zweigt die Schrammelgasse ab. Am Rand des Erholungsgebiets Seeschlacht geht es links zur Bahnunterführung und durch die Haydngasse zur Friedhofstraße. Hier trifft man auf den in den Farben der Marktgemeinde Langenzersdorf (rot-weiß-grün) bezeichneten Kaspar-Schrammel-Weg und folgt seinen Wegzeichen rechts zum Gemeindefriedhof. Dort ist das leider recht schmucklose Grab von Kaspar Schrammel zu finden. Nach Queren der Wiener Straße wenden wir uns auf dem Schrammel-Weg dem Bisamberg zu. Die Kellergasse wird bis zur **Pfarrkirche** began-

Die 1899 errichtete neugotische Elisabethsäule aus Stettner Sandstein erinnert an einen Ausflug, den die Kaiserin Elisabeth im Jahr 1857 zum höchsten Punkt des Bisamberges unternommen hat.

gen, wo wir rechts in die Magdalenenhofstraße einbiegen. An den Langenzersdorfer **Museen** vorbei steigt die Straße nun deutlich an. Weingärten, Äcker und baumdurchsetzte Wiesen flankieren den Weg zum **Magdalenenhof**, einem Gasthof mit Stempelstelle. Über die Falkenbergwiesen gelangt man mit den Markierungszeichen ins Bisamberger Waldgebiet. Ein breiter Wanderweg führt zu den Gemeindeplatten, wo der Hagenbrunner Weg einmündet. Der rot-weiß-rot markierte Kreuzensteiner Rundwanderweg läuft nun gemeinsam mit unserem Weg bis zur **Gamshöhe**.

Hier verlassen wir den aktuellen Kaspar-Schrammel-Wanderweg und überqueren auf der früheren Route (alte Markierspuren, ebenfalls in rot-weiß-grün, sind noch zu sehen) die **Elisabethhöhe**, höchste Erhebung des **Bisamberges**, und steigen dann über einen steil abfallenden Waldrücken zu einem Fahrweg hinunter, der die Bisambergflanke quert. Wir halten uns auf dem Fahrweg links und gehen auf aussichtsreicher Trasse rund zehn Minuten bis zu einer Rebenfläche an der linken Hangseite. Kurz dahinter zweigt rechts ein schmaler Steig ab, der Grenzweg zwischen den Gemeinden Bisamberg und Langenzersdorf. Auf ihm stegen wir steil ins Tal hinab. Unten stehen wir vor der breiten Bundesstraße. Der begleitende Fußweg bringt uns in wenigen Minuten zurück nach **Langenzersdorf**. Vorbei am früheren Wohn- und Sterbehaus Kaspar Schrammels in der Korneuburger Str. 36 gelangt man zum **Hauptplatz**; von dort geht es links auf der Klosterneuburger Straße zurück zum **Bahnhof**. Der neue Kaspar-Schrammel-Wanderweg (Variante) meidet den steilen Abstieg und die Bundesstraße. Er nutzt die sogenannte Waldstraße von der Gamshöhe zur Bildeiche und führt durch den weniger steilen Rehgraben hinunter nach Langenzersdorf. Durch die Jubiläumsgasse geht es bis zum Hauptplatz.

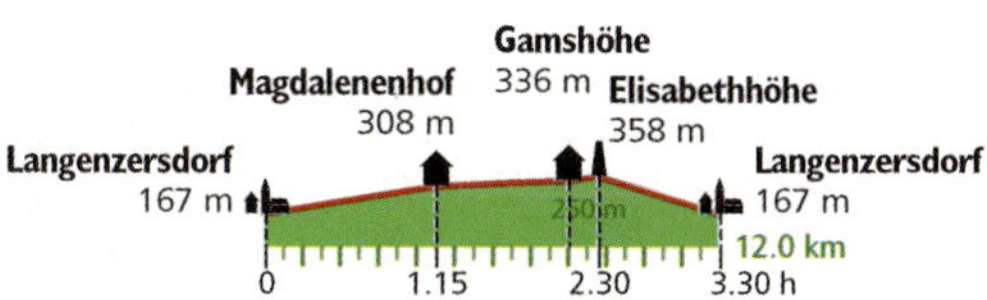

37 Langenzersdorf – Deutsch-Wagram

5.15 Std.

Am Marchfeldkanalweg von der Donau zum Russbach

Im Herbst 1992 wurde das Jahrhundertprojekt für das Marchfeld, die Kornkammer Österreichs, verwirklicht: Der rund 19 km lange Marchfeldkanal zwischen Langenzersdorf und Deutsch-Wagram wurde eröffnet. Sein naturnah gestaltetes Umfeld bildet eine neue Grünachse, die vielen Tieren einen Lebensraum bietet. Wanderer und Radler können auf dem Weg, der den Kanal auf seiner ganzen Länge begleitet, ein herrliches Naherholungsgebiet erkunden.

Ausgangspunkt: Langenzersdorf, S-Bahnhof, 167 m, P+R-Anlage.
Endpunkt: Deutsch-Wagram, Bahnhof, 159 m, Rückkehr zum Ausgangspunkt mit der S-Bahn.
Höhenunterschied: Gering.
Anforderungen: Leicht.
Einkehr: Gasthaus am Marchfeldkanal (Seyringer Landstraße), Gasthäuser in Strebersdorf, Stammersdorf und Gerasdorf (alle abseits der Strecke) sowie in Langenzersdorf und Deutsch-Wagram.

Mit den weiß-blau-weißen Markierungen des Marchfeldkanalweges gelangt man vom **Bahnhof Langenzersdorf** durch die Klosterneuburger- und die Praunstraße zum Einlaufbauwerk des **Marchfeldkanals** an der Donau. Im Gegensatz zum Grenzlandweg 07, der die Donauinsel Richtung Wien begleitet, folgen wir dem Marchfeldkanal, der geradeaus zwischen der Seeschlacht und der Autobahn hindurchzieht. Vorbei an der ehemaligen Obstplantage Donautal und dem Langenzersdorfer Industriezentrum kommen wir zum **Schönungsteich** im Floridsdorfer Ortsteil Schwarzlackenau.

Nachdem der Kanal S-Bahn und Prager Straße unterquert hat, durchmisst er Ackerland und die Siedlungen zwischen **Strebersdorf** und **Stammersdorf**. Hinter der Brünner Straße sind

Das moderne Kanalsystem, das nach dem Vorbild natürlicher Flussläufe gestaltet wurde, versorgt das Marchfeld-Trockengebiet mit Wasser und unterstützt die Revitalisierung der althergebrachten Fließgewässer in der Region.

es nur noch freie, intensiv landwirtschaftlich genutzte Flächen, die wir am Begleitweg des Kanals durchwandern. Die in den vergangenen Jahren entstandenen Siedlungen Föhrenhain, Oberlisse oder Kapellerfeld liegen in einiger Entfernung. Dafür können die beachtlichen Ergebnisse nächtlicher Baumfälltätigkeit der Biberkolonien am Kanalrand bestaunt werden! Hinter der Seyringer Landstraße, wo das einzige Ghs. direkt am Marchfeldkanalweg zu finden ist, kann rechts nach **Gerasdorf** und zum dortigen S-Bahnhof abgezweigt werden.

Die Kanaltrasse hingegen setzt sich noch rund 5,5 km (massive Distanzröhren beachten) bis zum Zusammenschluss mit dem Russbach am Ortsrand von **Deutsch-Wagram** fort. Die S-Bahnlinie Gänserndorf – Wien-Floridsdorf verbindet Deutsch-Wagram im Halbstundentakt mit dem Wiener Raum.

38 Glockenberg, 365 m

3.45 Std.

Rund ums Kreuttal

Liebliche Landschaftsbilder prägen die Umgebung des Kreuttales, eines Waldtals nördlich von Korneuburg und nahe Wolkersdorf. Die sanften Kuppen des umgebenden Kreutwaldzugs bieten sich für ausgedehnte Wanderungen an – weitab vom Trubel der Großstadt und durch die zumindest im Stundentakt verkehrende S-Bahn von Wien-Floridsdorf dennoch rasch erreichbar.

Ausgangspunkt: Hautzendorf, S-Bahnhof, 207 m, P+R-Anlage.
Endpunkt: Schleinbach, S-Bahnhof, 229 m, Rückkehr zum Ausgangspunkt mit der S-Bahn.
Höhenunterschied: 170 m im Auf- und 150 m im Abstieg.
Anforderungen: Bei Nässe beschwerlich (tiefer Boden).
Einkehr: Gasthäuser in Unterolberndorf, Würnitz und Schleinbach.
Tipp: Waldlehrpfad im Kreuttal.

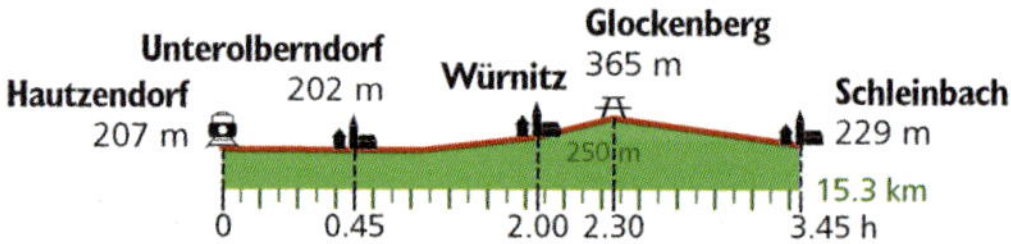

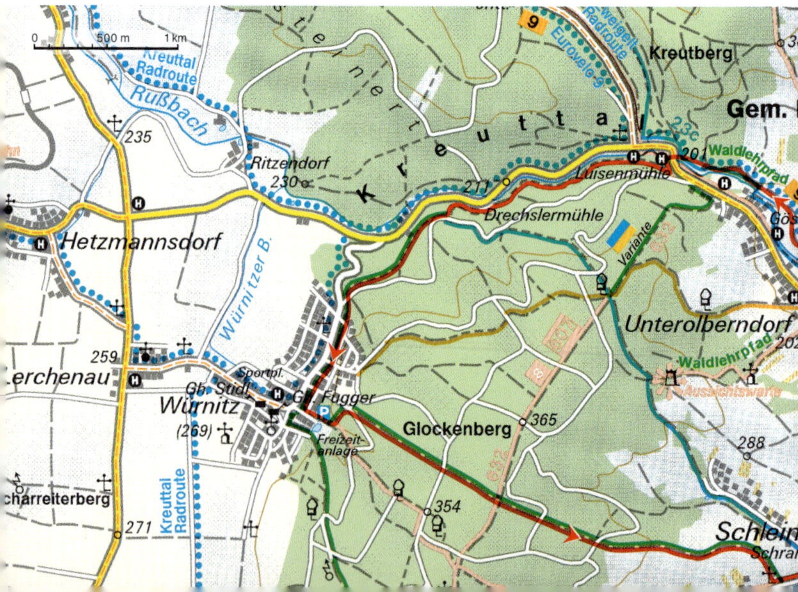

Von der **Bahnhaltestelle** am Rand des Weinortes **Hautzendorf** führen uns rote Markierungen leicht ansteigend einen Hohlweg empor. Die Waldfläche des Kreutberges wird nicht erreicht, stattdessen geht es über die freie, von Weingärten überzogene Anhöhe und hinab nach **Unterolberndorf** im Kreuttal. Je nach Witterungsverhältnissen benutzt man nun entweder den Wanderweg entlang des Russbaches, der nach Regenfällen durch tiefe Böden schwer zu begehen sein kann, oder die verkehrsarme, rot-weiß-rot markierte Straße zur **Luisenmühle**. Im Bereich des privaten Anwesens, das früher Mühle und Ghs. war, kreuzen mehrere überregionale Wanderwege das **Kreuttal**. Wir verfolgen den rot bezeichneten, etwas zugewachsenen Weg durch das noch recht ursprüngliche Tal und zweigen erst bei der **Drechslermühle** zum abseits liegenden Dorf Würnitz ab.

Hohlwege mit Lösswänden prägen die Landschaft im Weinviertel.

Beim Waldteich in **Würnitz** (269 m) biegen wir mit mehreren Wanderrouten zum breiten Höhenrücken des Glockenberges ab. Oben kreuzen wir die Fernwanderroute E8/607 (Waldviertel/Tschechien – Donautal). Den kaum ausmachbaren Glockenberg-Gipfel lassen wir links liegen und folgen stattdessen der grünen Markierung geradeaus. Sanft senkt sich unser Weg durch Eichen- und Buchenwald hin zum Weinort **Schleinbach**. Durch das lang gezogene Dorf, eingebettet in einen Graben und flankiert von Weingärten, kommt man zum abseits liegenden **Bahnhof** Schleinbach an der S-Bahnlinie, die Laa an der Thaya und Mistelbach mit Wien verbindet.

39 Falkenberg, 340 m

3.00 Std.

Am Stadtwanderweg 5 zum Bisamberg

Liebhaber der sanften Weinhänge zwischen Stammersdorf und Strebersdorf werden bei der Begehung des Stadtwanderweges 5 voll auf ihre Kosten kommen. Danach schmeckt eine kräftige Jause beim Heurigen!

Ausgangspunkt: Wien-Floridsdorf (21. Bezirk), Ortsteil Stammersdorf, Brünner Straße/Bahnhofsplatz, 172 m, Endstation der Wiener Straßenbahnlinie 31, Parkmöglichkeit.
Höhenunterschied: 175 m.
Anforderungen: Mäßiger Anstieg zum Magdalenenhof.
Einkehr: Ghs. am Magdalenenhof und Heurige in Stammersdorf.
Variante: Vom Magdalenenhof über Langenzersdorf (Kaspar-Schrammel-Wanderweg, s. Tour 36) und Zigeunerbründl nach Hagenbrunn.
Tipp: Naturlehrpfad Falkenberg.

An der Endstation der Straßenbahnlinie 31 in **Stammersdorf** weisen uns die Holzpfeile des Stadtwanderweges 5 zunächst den Weg durch die Josef-Flandorfer-Straße und die Luckenschwemmgasse zur Pfarrkirche in der Liebleitnergasse. Bereits ländlichen Charakter haben die Häuser in der Cless- und Neusatzgasse, wo ausgedehnte Weinkulturen beginnen. Leicht ansteigend geht es zum sogenannten Steinernen Kreuz. Am

Nach Jahren ist das Gasthaus Magdalenenhof am Bisamberg (oben) wieder geöffnet: Es ist nicht nur ein Treffpunkt der Feinschmecker, sondern auch Wanderer-Stützpunkt mit Stempelstelle für den Stadtwanderweg und den Kaspar-Schrammel-Wanderweg (unten).

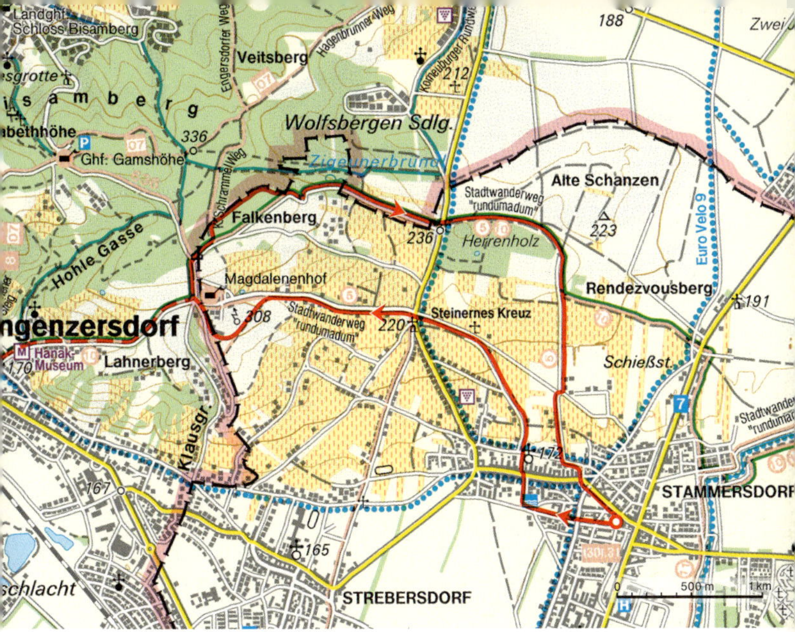

Parkplatz an der Hagenbrunner Straße erahnt man bereits den Anstieg zum Magdalenenhof, neben dem lange Zeit zwei mächtige Radiosender in den Himmel ragten, die im Frühjahr 2010 gesprengt worden sind. Auf der schmalen Senderstraße steigen wir an bis zum unteren Senderrundweg. Über Wiesen geht es in einer Schleife und zuletzt rechts zum Weingut **Magdalenenhof** mit Ghs. (Anschluss der Variante). Wer gewillt ist, die letzten Höhenmeter bis zur **Eichendorffhöhe** anzusteigen, wird mit einem fantastischen Blick auf Wien belohnt.

Der Promenadenweg **Falkenberg** führt zuerst leicht bergan, dann eben und später bergab durch Wald und vorbei an Weingärten (unweit des Weges ist das Zigeunerbründl) zum Straßensattel zwischen Hagenbrunn und Stammersdorf. Vorbei am Wäldchen **Herrenholz** und am Stammersdorfer Schießplatz kommen wir wieder in bekanntes Gebiet. Über die Luckenholz- und die Clessgasse erreichen wir den Ausgangspunkt in **Stammersdorf**.

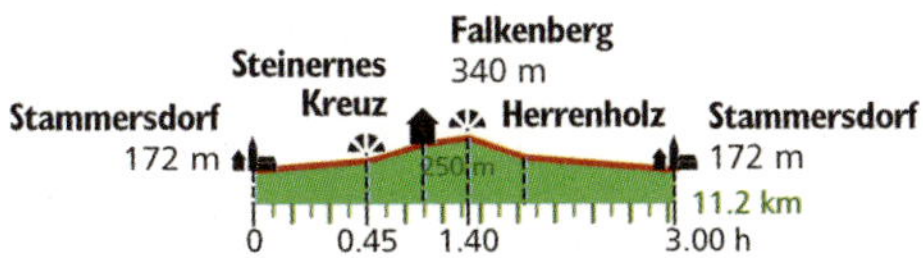

40

Wasserpark – Donaupark

2.00 Std.

Ausgedehnte Parkanlagen in Transdanubien

Die linksufrigen Wiener Stadtbezirke Floridsdorf und Donaustadt liegen nicht nur an der Donau, sondern beherbergen mit der Oberen und Unteren Alten Donau noch Seitenarme des unregulierten Flusslaufs der Jahre vor 1870. Wasser- und Donaupark, zwei vielseitig gestaltete Parkanlagen, verbinden das alte Transdanubien mit der Moderne, wie sie vor allem der aussichtsreiche Donauturm verkörpert.

Blick vom Donauturm auf die UNO- und die Donau City, Wiens »neueste« Stadtteile.

Ausgangspunkt: Wien-Floridsdorf (21. Bezirk), Bahnhof, Franz-Jonas-Platz, 164 m, S-Bahn-, Regionalbahn- und EC-Anschluss, Endstation der U-Bahnlinie 6, Parkmöglichkeiten in der Umgebung.
Höhenunterschied: Gering.
Anforderungen: Spaziergang.
Einkehr: Gasthäuser in Floridsdorf und im Donaupark, Gasthaus Neuer an der Oberen Alten Donau, Strandgasthaus Birner.
Tipp: Bootsfahrt auf der Alten Donau (Tret- und Ruderbootverleih an nahezu allen Uferstraßen!), Fahrt mit der Kleinbahn und Besteigen des Turms im Donaupark (kostenpflichtig).
Hinweis: Informationen zu Öffnungszeiten und Preisen des Donauturms finden Sie im Internet unter www.donauturm.at.

Der geschäftigste Platz in Floridsdorf ist der **Franz-Jonas-Platz** vor dem **Bahnhof Floridsdorf**. Dort beginnen wir unsere Wanderung, die uns zunächst an der Trasse von Bahn und U-Bahn entlang stadteinwärts führt. Nach dem Queren der Straße An der oberen Alten Donau betreten wir schon den **Wasserpark**, der ein wenig unter dem allgemeinen Straßenniveau liegt und zu rund einem Drittel aus Wasserflächen besteht. Der Park hält verschiedene Spielplätze bereit und bietet zahllosen Vögeln eine Heimat. Besonderes Highlight ist eine Insel, auf der in den letzten Jahren eine Reiher-Kolonie (mitten in der Großstadt!) entstand.

Am Südufer des großen Teiches wechseln wir unter dem Nordbahndamm mit den Bahn- und U-Bahn-Gleisen hindurch vom Wasserpark zur **Oberen Alten Donau**. Wir passieren das Gasthaus Neuer sowie das Angeli- und das Arbeiterstrandbad. Unser Ziel ist der nahe **Donaupark**, der für die Wiener Internationale Gartenschau WIG angelegt und 1964 eröffnet wurde. Die schönen Gartenanlagen und zahlreiche Freizeitangebote laden zu mehrstündiger Muße ein. Gegen Entgelt ist vom **Donauturm**, mit 250 m höchstes Bauwerk Wiens, eine phänomenale Aussicht auf die benachbarten Stadtteile UNO- und Donau City, die übrige Stadt und ihr vielseitiges Umland zu genießen.

Vom Donaupark gehen wir auf der Arbeiterstrandbadstraße zurück bis zum Birnersteig, überqueren die Obere Alte Donau, gehen vorbei am bekannten Strandgasthaus Birner und lassen uns von Morelli- und Floridusgasse zur Schefflerstraße leiten, auf der wir links zum **Kinzerplatz** mit der mächtigen Leopoldskirche kommen. Hier beginnt die schnurgerade Fußgängerzeile Franklinstraße, die unmittelbar vor dem **Bahnhof Floridsdorf** am **Franz-Jonas-Platz** endet.

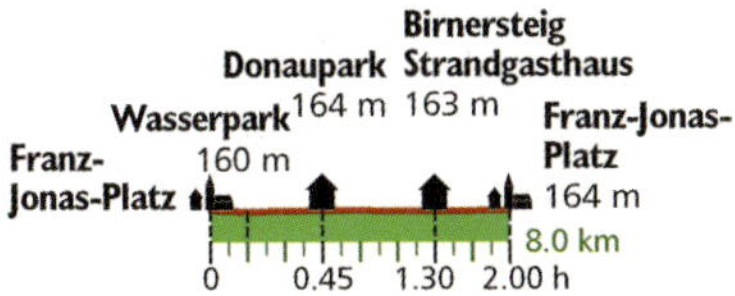

41 Donauinsel

4.30 Std.

Zu Fuß oder mit dem Rad von Langenzersdorf zur Lobau

Die künstliche Donauinsel wurde im Rahmen der Hochwasserschutzmaßnahmen zwischen 1972 und 1988 mitten ins Donauflussbett hineingebaut und ist in den letzten Jahrzehnten zu einem der beliebtesten Ausflugs- und Freizeitgebiete der Großstädter geworden. Bedingt durch den großen Zuspruch, den sie besonders an Wochenenden und in den Sommermonaten erfährt, wird empfohlen, bei dieser Tour auf Wochentage und kühlere Monate auszuweichen. Der gut ausgebaute Rad- und Wanderweg, der die Donauinsel von ihrem westlichen bis zum östlichen Ende begleitet, passiert zahlreiche sehenswerte Bauten, darunter den Donauturm und die benachbarte UNO-City. Zudem säumen vielfältige Freizeitanlagen den Wegesrand.

Ausgangspunkt: Langenzersdorf, Bahnhof, 167 m, S-Bahn-Anschluss, P+R-Anlage.
Endpunkt: Wien-Donaustadt (22. Bezirk), U-Bahnhof Donaustadtbrücke, 156 m, Rückkehr zum Ausgangspunkt mit U- und S-Bahn.
Höhenunterschied: Gering.
Anforderungen: Lange, aber leichte Fuß- oder Radwanderung, 18,5 km.
Einkehr: Gaststätten und Buffets auf der Donauinsel.
Variante: 1. Abstecher auf dem Steinitzsteg zum Nussdorfer Wehr auf dem Donausüdufer; 2. Unterbrechung der Tour an Reichs- oder Donaustadtbrücke (jeweils U-Bahn-Anschluss); 3. Von der Raffineriestraße in die Obere Lobau, vorbei an der Panozzalacke und am Mühlwasser links haltend über Luitpold-Stern-Gasse und Streitspornweg zurück ans Donauufer und rechts weiter zum Endpunkt.

Vor dem Südende der Donauinsel erwartet uns das Donaukraftwerk Freudenau mit seinen zwei gigantischen Schleusenkammern (hier vom Südufer aus fotografiert).

Langenzersdorf
Gerasdorf bei Wien
MRW 18
0
1,25 km
2,5 km
Oberlisse
Strebersdorf
Neusüßenbrunn
Groß-Jedlersdorf
Süßenbrunn
Kahlenbergerdorf
Floridsdorf
M
Leopoldau
Neueßling
Kagran
Breitenlee
10
Hirschstetten
Kaiser-mühlen
Donaustadt
6,5
Aspern
Stadlau
Eßling
7
Prater
WIEN
(171)
5,5
Freudenau
DRW
Neu-Albern
Simmering
Kaiserebersdorf
Wiener Berg
251
Laaer B.
Albern
Manns
Oberlaa
Rothneusiedl
Kledering
(172)
SCHWECH
(186)
Unterlaa
Liesing
Rannersdorf

Zur Schemerlbrücke über dem Nussdorfer Wehr mit den repräsentativen Löwenfiguren führt uns ein Abstecher aufs Donausüdufer (Variante 1).

Ein rot-weiß-rot bezeichneter Wanderweg bringt uns vom **Bahnhof Langenzersdorf** über die Klosterneuburger- und Praunstraße ans Ufer der Neuen Donau. Über die Brücke des Einlaufbauwerkes kommt man auf die **Donauinsel**. Auf den parallel verlaufenden Rad- und Fußwegen ist die rotweiß-rote Markierung gut erkennbar. Wir folgen ihr stromabwärts in Richtung Wien. Die Wege erschließen die schmale Insel, die zwischen dem bisherigen Donaulauf und der Neuen Donau liegt, dem sogenannten Entlastungsgerinne, einem Surfer- und Badeparadies. Zahlreiche Brücken (Jedleseer Brücke, Floridsdorfer Brücke, Brigittenauer Brücke u. a.) ermöglichen quasi jederzeit den Wechsel hinüber zum Floridsdorfer Siedlungsbereich; der Steinitzsteg (Variante 1) bindet die Insel an die Brigittenau an. Die Ausblicke zu Donauturm, Milleniums- und Florid-Tower, UNO-City sowie auf den Wienerwald sind reizvoll.
Sehr belebt ist der Bereich **Reichsbrücke** mit der U1-Station Donauinsel und einer Ladenzeile. Weiter stromabwärts wird es ruhiger. Nach der **Donaustadtbrücke** und **Praterbrücke** überquert die Stadlauer Ostbahnbrücke mit S- und Regionalbahnverkehr die Insel (kein begehbarer Steg vorhanden!). Erst die Steinspornbrücke vermittelt im unteren Inselbereich einen Übergang auf die Stadlauer Uferseite. Wir aber setzen unseren Weg noch 5 km bis zum südlichen **Inselende** (mit dem Kraftwerk Freudenau) fort, wo es schließlich links über eine Brücke zum Ölhafengelände geht. Auf dem Radweg unten am Ufer der Neuen Donau vermeiden wir die Nutzung der stark befahrenen Finsterbuschstraße. Auf Höhe der Walulisobrücke ist zu entscheiden, ob wir geradeaus direkt zur erst im Jahr 2010 eröffneten U2-Station **Donaustadtbrücke** vorstoßen oder zur Straße hinaufsteigen und den Abstecher in die Obere Lobau wagen, einen teils versandeten, von Auwaldresten begleiteten Donauarm (Variante 3, vgl. auch Tour 42).

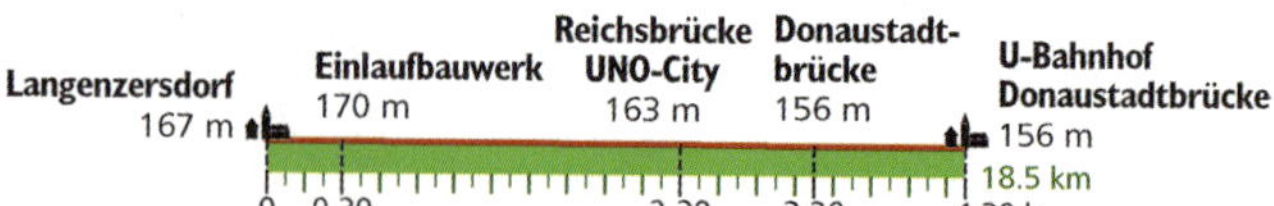

2.45 Std.

Groß-Enzersdorf – Obere Lobau

42

Auf den Spuren Napoleons durch den Nationalpark Donau-Auen

Die rund 20 km² große reizvolle Aulandschaft im Südosten Wiens war früher kaiserliches Jagdgebiet und wurde 1926 der Öffentlichkeit zugänglich gemacht. Das Lobaumuseum zeigt viele naturkundliche Exponate aus der wildreichen und auch botanisch bemerkenswerten Urlandschaft. Es umfasst auch ein Biber-Gehege, wo das scheue, nachtaktive Tier beobachtet werden kann. An das Franzosenjahr 1809 mit der Schlacht im nahegelegenen Aspern erinnern die Gedenksteine »Napoleons Pulvermagazin« und »Franzosenfriedhof« sowie, etwas abseits, »Napoleons Hauptquartier« unweit der Panozzalacke und der »Übergang der Franzosen« am südlichen Rand von Groß-Enzersdorf.

Ausgangspunkt: Groß-Enzersdorf, Zentrum, 156 m, Endhaltestelle der Buslinie 26 A, Parkmöglichkeiten.
Höhenunterschied: Gering.
Anforderungen: Bei Hochwasser nicht begehbar, danach Mückenplage.
Einkehr: Gasthäuser bei der Eßlinger Furt und in Groß-Enzersdorf.
Variante: Vom Lobaumuseum am Grenzlandweg 607 zur Stadlerfurt und zurück nach Groß-Enzersdorf.
Tipp: Auch als Fahrradtour zu empfehlen! Lobaumuseum (Tel. 0043 (0)1/143571, geöffnet an Sonn- und Feiertagen von 13 bis 17 Uhr sowie gegen Voranmeldung, mit 320 Exponaten zu den Themen Ökologie, Flora, Fauna und Geschichte der Lobau in sechs Ausstellungsräumen, Eintritt frei); Bademöglichkeit in der Panozzalacke (Abstecher).

Die Lobau wird durch gut markierte Wanderwege erschlossen.

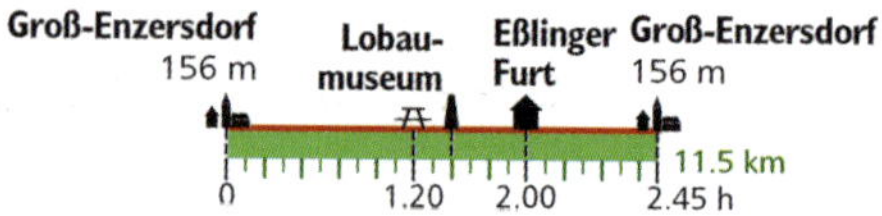

Vom Dr.-Anton-Krabichler-Platz in **Groß-Enzersdorf** bringen uns die Rathaus- und die sie fortsetzende Lobaustraße direkt an den Rand der Oberen Lobau, die unter der Verwaltung der Stadt Wien steht. Die **Kasernbrücke** übersetzt den Großenzersdorfer Arm, einen ehemaligen Donauarm. Breite, gepflegte Wege erschließen das Schutzgebiet Lobau, das ein Teilbereich des Nationalparks Donau-Auen ist. Etwas abseits der Straße von der Kasernbrücke zum Forsthaus befinden sich zwei Franzosen-Gedenksteine, die die Standorte des ehemaligen Pulvermagazins und des Franzosenfriedhofes markieren. Beim **Lobaumuseum** (Abzweig der Variante) kreuzt die Fernwegroute E 4/8, wir aber folgen unserem Weg geradeaus. Nur wenige Minuten sind es bis zum **Napoleonstein** am Rand der Lobau. Entlang des Großenzersdorfer Armes gelangt man rechts zur **Eßlinger Furt**, wo zwei Gasthäuser die einzige Einkehrmöglichkeit an unserer Strecke bieten. Dahinter folgen wir den rot-grünen Bezeichnungen des Stadtwanderweges 10 bis zur Abzweigung **Stadlerfurt** (Einmündung der Variante) oder zurück zur Kasernbrücke. Beiderorts geht es links über den Großenzersdorfer Arm hinweg und auf Straßen zurück ins Zentrum von **Groß-Enzersdorf**.

4.00 Std.

Schönau – Untere Lobau 43

Am Fernwanderweg durch naturbelassene Auwälder

Auch die wenig besuchte Untere Lobau ist Teil des Nationalparks Donau-Auen; im Gegensatz zur städtischen Oberen Lobau aber wird sie von den Österreichischen Bundesforsten (ÖBF) betreut. Sie ist ursprünglicher und nur durch zwei Wanderwege erschlossen. Einer davon ist der Europäische Fernwanderweg E 4/8, dem wir von Schönau nach Groß-Enzersdorf folgen. Im Schutzgebiet nisten Reiher und Kormorane, deshalb ist das Badeverbot unbedingt zu beachten.

Blick vom Aussichtsturm auf einen Donau-Altarm im Bereich Schüttau, der vom Wander- und Radweg durch die Untere Lobau erschlossen wird.

Ausgangspunkt: Schönau, Ortsmitte, 153 m, Bushaltestelle der Linie 391 von Wien-Kagran über Groß-Enzersdorf nach Hainburg, Parkmöglichkeit.
Endpunkt: Groß-Enzersdorf, Zentrum, 156 m, Rückkehr zum Ausgangspunkt mit der Buslinie 391.
Höhenunterschied: Gering.
Anforderungen: Bei Hochwasser nicht begehbar, danach Mückenplage.

Einkehr: Uferhaus, Gasthäuser in Groß-Enzersdorf.
Varianten: 1. Abstecher von der Zainetau nach Mühlleiten (Anschluss an die Buslinie 391, bezeichneter Weiterweg zur Unteren Lobau); 2. Kombination mit Tour 41.
Tipp: Auch als Radtour empfehlenswert; schöne Bademöglichkeit im Donau-Oder-Kanal am Uferhaus.

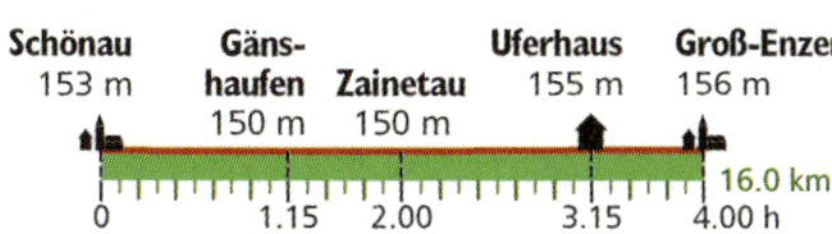

Groß-Enzersdorf
(156)
Mariensee
Auf der-Scheiben
Autokino
Nationalpark Forstverwaltung Lobau
Großenzersdorfer Arm
Mühlgrund
Erlmaiß
Angelmaiß
Zur Steirerin
Hot. Am Sachsengang
Neu-Oberhausen
Donau-Oder-Kanal
Pulvermagazin
Franzosenfriedhof
Projektierter Donau-Strandbad
Kohlfeld
Obere Heide
Neue Neurisse
Ghf. Uferhaus
155
KA
Herrnau
Rohrwand
S1 projektiert Tunnel Donau-Lobau
Koteau
Oberes Hausfeld
Steinbühelau
Mühlleiten
Eberschüttwasser
Unteres Hausfeld
Lausgrundwasser
Grundwasserwerk Lobau
Mittelwasser
Zainetau
Kreuzgrund
Rohrbrücke
158
Kühwörter Wasser
Wolfsw
Donauradweg
Mannswörth
Rettungshaus
157
Barbara-Rohrbrücke
Marchfelddamm
Gänshaufen
SG.
151
Zainet Au
Schwechat
A4
Ölhafen
Lobau
Nationalpark
607
26A
10
4
8

Von der Ortskirche im Zentrum von **Schönau** sind es nur wenige Meter bis zum Marchfeld-Schutzdamm, auf dem man rechts zu einem Donau-Altarm gelangt. Eine Brücke überquert das Gewässer und bringt uns auf den **Hubertusdamm**, dem wir etwas mehr als 3 km stromaufwärts folgen.

Im Bereich des **Gänshaufens** treffen wir auf einen rechts vom Damm abzweigenden Fahrweg, der zu einer Furt über das Kühwörther Wasser (Gänshaufentraverse) führt. Der nun folgende Wegabschnitt gehört zu den schönsten in der gesamten Lobau; hier gibt es ursprünglichen Auwald, natürliche Gewässer und seltene Tierarten zu sehen. Hinter einem Forsthaus im Bereich **Zainetau** quert der Fahrweg nach Mühlleiten (Variante 1). Wer auf der Hauptroute bleiben möchte, geht geradeaus weiter durch den geschlossenen Auwald. Zu unserer Linken begleitet uns in wechselnder Entfernung ein früherer Donauarm, der mehrmals von Furten unterbrochen wird.

Schließlich erreicht man beim **Uferhaus** (Bademöglichkeit im Torso des Donau-Oder-Kanals) den Siedlungsrand von **Groß-Enzersdorf**. Die hier beginnende Lobaustraße führt zum Groß-Enzersdorfer Hauptplatz mit der Endhaltestelle der Buslinie 26 A.

Es besteht aber auch die Möglichkeit, an der Kasernbrücke mit dem Fernwanderweg links abzuzweigen und der Oberen Lobau (Variante 2, siehe Tour 42) einen Besuch abzustatten. Hier erwarten Sie verschiedene Sehenswürdigkeiten wie die Erinnerungsstätten an die Franzosenkriege des frühen 19. Jahrhunderts und das interessante Lobaumuseum mit seinen zahlreichen naturkundlichen Exponaten.

Im Sommerhalbjahr sind Fiakergespanne aus dem Wiener Innenstadtbereich (oben im Bild der Heldenplatz, Touren 44 und 46) nicht wegzudenken.

Schlosspark Schönbrunn mit der Gloriette (Tour 47): Viele der berühmten Wiener Sehenswürdigkeiten liegen in oder an ausgedehnten Grünanlagen.

Wiener Stadtgebiet

Wien, Hauptstadt der Republik Österreich, liegt in einem Becken, das von vier Großräumen umgeben ist. Die Alpen, die Ungarische Tiefebene, das Alpenvorland und der böhmisch-mährische Raum begrenzen die Region, die vom zweitgrößten europäischen Strom, der Donau, durchflossen wird. Wien bedeckt eine Fläche von rund 415 km^2, sein Umfang beträgt 134 km, und über 1,6 Millionen Menschen leben hier. Besonders reizvoll ist der Kontrast zwischen den tiefgrünen Wienerwaldhängen, dem breiten Donaustrom und den urbanen Terrassen; von Bisam- oder Kahlenberg oder vom Donauturm kann man sich einen Überblick verschaffen. Die 23 Wiener Stadtbezirke sind historisch gewachsen. Der 1. Bezirk, der den vielsagenden Namen »Innere Stadt« trägt, war früher von einer Stadtmauer umgeben, nach deren Schleifung die bekannte Wiener Ringstraße entstand. Die sogenannten Innenbezirke 2 bis 9 zwischen Ringstraße und Gürtel wa-

Vor dem neogotischen Rathaus an der Ringstraße (Touren 44 und 46) finden rund ums Jahr Veranstaltungen statt, die Touristen und Einheimische gleichermaßen begeistern.

ren Vorstädte, die Außenbezirke 10 bis 23 Vororte. Es wäre vermessen, nur ansatzweise jene Vielzahl von Sehenswürdigkeiten aufzählen zu wollen, die in der Bundeshauptstadt Wien, früher Zentrum eines 57-Millionen-Reiches, zu besichtigen sind. Stellvertretend sei die Dom- und Metropolitankirche zu St. Stephan genannt, die bedeutendste Kirche Wiens und zugleich ein Meisterwerk der Gotik, das in seinen Ursprüngen bis ins 12. Jahrhundert zurückreicht. Einige andere Sehenswürdigkeiten wie die Prachtbauten an der Ringstraße, die Schlösser Schönbrunn und Belvedere oder den Zentralfriedhof werden Sie im Rahmen unser Stadtwandervorschläge kennenlernen.
Das moderne öffentliche Verkehrsnetz ermöglicht es, die Ausgangspunkte unserer Stadtwanderungen rasch zu erreichen. In S- und U-Bahnen kann zu bestimmten Zeiten ein Fahrrad mitgeführt werden, bitte informieren Sie sich, wenn Sie eine Radtour planen, vorab bei den Wiener Linien (www.wiener-linien.at) oder den Österreichischen Bundesbahnen (ÖBB, www.oebb.at).

44 Ringstraße

2.00 Std.

Zu Fuß rund um die Wiener Innenstadt

Ein Spaziergang »Ring rund« lässt die Geschichte Wiens lebendig werden. Auf dem Areal der früheren Wiener Stadtmauer wurden nach der Schleifung der Stadtmauer in der zweiten Hälfte des 19. Jahrhunderts zahlreiche Prachtbauten errichtet, darunter die Staatsoper, das Parlament, das Rathaus, die Universität und die Börse.

Ausgangspunkt: Wien-Innere Stadt (1. Bezirk), U-Bahnhof Schottenring, 165 m, Parkgarage.
Höhenunterschied: Gering.
Anforderungen: Spaziergang auf der stark befahrenen Ringstraße.
Einkehr: Zahlreiche Gaststätten und Buffets an der Ringstraße.
Variante: Am Ufer des Donaukanals vom Schottentor zur Urania.

An der **U-Bahn-Station Schottenring** beginnt unsere geschichtsträchtige Umrundung der Wiener Innenstadt. Oberhalb des Donaukanals geht es zunächst am Franz-Josefs-Kai zur **Salztorbrücke**. Bald blickt man rechts zu Wiens ältester Kirche, der Ruprechtskirche. An der **Urania** schwenken wir rechts in den **Stubenring** ein. Ein paar Schritte weiter sehen wir das Regierungsgebäude mit seiner mächtigen Fassade, davor das Radetzkydenkmal. Auf dem **Parkring** gehen wir an der Längsseite des Stadtparkgeländes entlang und kommen über den Schubertring zum **Schwarzenbergplatz** mit dem Reiterdenkmal von Karl Philipp Fürst zu Schwarzenberg. Auf der Höhe des Hotels Imperial schwenkt der **Kärntner Ring** rechts hinüber zur Staatsoper. Am **Opernring** fällt das Goethedenkmal am Rand des Burggartens auf. Beidseitig des **Burgrings** stehen Prachtbauten wie die Neue Hofburg oder das Natur- und das Kunsthistorische Museum. Der **Dr.-Karl-Renner-Ring** führt uns im Rechtsbogen am Parlament vorbei, dann folgen am **Dr.-Karl-Lueger-Ring** Rathaus, Burgtheater und das Hauptgebäude der Universität. Am **Schottentor** beginnt der **Schottenring**, auf dem wir mit der ehemaligen Börse das letzte Monumentalbauwerk am Weg zur U-Bahn-Station **Schottenring** passieren.

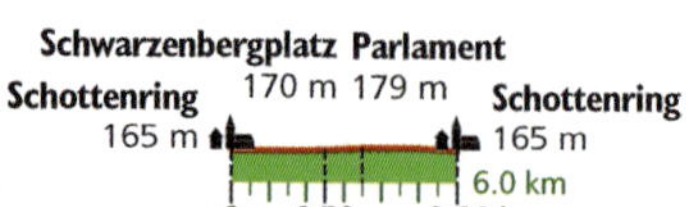

Roßauer Kaserne
Deutschmeister-pl.
Schlick platz
Univ. Institut
Börse
Börse-platz
Rudolfs-platz
Concordia-platz
Ma. am Gestade
Passauer Platz
Morzin-platz
Salztorbr.
Marienbr.
Donau kanal
Schiffamtsufer
Obere Donau straße
Untere Donaustraße
Friedrich-Wilhelm-Raiffeisen-Pl.
M.-Sperber-Pk.
Tandelmarkt
Bez.-amt
Karmeliter platz
St. Josef
Krhs. d. Barmh. Brüder
Barmherz. Kirche
Taborstraße
Lassingleithner-platz
Schwedenbr.
Schweden-platz
Franz-Josefs-Kai
Feuerwehr-Zentrale
Am Hof
Freyung
Harrach Palais
Ferstel
Uhren Mus.
Judenplatz
Altes Rathaus
Hoher Markt
Röm. Ruin.
St. Ruprecht
Rupr.-pl.
Fleischmarkt
Postsparkasse
Hauptpostamt
Lugeck
Heiligenkreuzer-Hof
St. Barbara
Erzbischöfliches Palais
Stephans-pl.
St. Stephan
Dt. Ord. K.
Wollzeile
Fin. amt
Dr.-K.-Lueger-Platz
MAK (Kunst-Museum)
Hochsch. f. angew. Kunst
Stubenring
Kohlmarkt
Graben
Loos haus
St. Michael
Michaelerpl.
Span. Reitschule
Josefs-platz
Hofburg
Nat. Bibliothek
Neue Burg
St. Augustin K.
Jüdisches Museum
Stock-i.-Eisen-Pl.
Kärntner Straße
Kapuz. K. Gruft
Neuer Markt
Lobkowitz-pl.
Albertina
Albertina-pl.
Burggarten
Staatsoper
Herbert-v.-Karajan-Pl.
Himmelpfortg.
B.M.f. Finanzen
Etablissement Ronacher
Franzisk.-pl.
Malteser K.
St. Anna
Hofkammer-archiv
St. Ursula
Kursalon
Stadtpark
Schubertring
Parkring
Zelinka D.
Schubert D.
Joh. Strauß D.
Opernring
Kärntner Ring
Robert-Stolz-Platz
Schiller-platz
Akad. d. bild. Künste
Friedrichstr.
Secession
Künstlerhaus
Musikverein
Schwarzenbergpl.
Beethoven-pl.
Wr. Eislaufverein
Konzerthaus
Hochsch. f. Musik u. darst. Kunst
Rudolf-Sallinger-Pl.
Am Heumarkt
Johannesgasse
Weiskirchnerstr.
U1,3
U3
U4
U1,2,4
U2,4
U1,4
0 125 m

45 Stadtpark – Stephansplatz

1.30 Std.

Ein Spaziergang vom Stadtpark zum Stephansplatz

Der Stadtpark, 60 ha groß und vom Wienfluss durchflossen, ist eine von Spaziergängern gern und viel frequentierte Grünanlage im Zentrum der Stadt. Denkmäler, seltene Baumarten, ein idyllischer Teich und viele Kleintiere sind die vorrangigen Gründe für ihre Attraktivität. Die Umgebung ist nicht minder exklusiv: Mehrere Palais, der Kursalon, das Konzerthaus und das Hauptmünzamt befinden sich in Sichtweite. Wir gehen vom Stadtpark durch weniger frequentierte Gassen Richtung City, bis wir auf der Kärntner Straße das pulsierende Leben der Stadt spüren. Vor dem himmelhohen Stephansturm ahnen wir etwas von der Jahrhunderte alten Bedeutung dieser Kirche, dem Herz der Bundeshauptstadt Wien.

Ausgangspunkt: Wien-Landstraße (3. Bezirk), U- und S-Bahnhof Wien Mitte/Landstraße. 170 m, beschränkte Parkmöglichkeit, Parkhaus.
Endpunkt: Wien-Innere Stadt (1. Bezirk), Stephansplatz, 171 m, Rückkehr zum Ausgangspunkt mit der U-Bahn.
Höhenunterschied: Gering.
Anforderungen: Spaziergang.
Einkehr: Zahlreiche Gasthäuser, Cafés und Buffets an der gesamten Wanderstrecke.

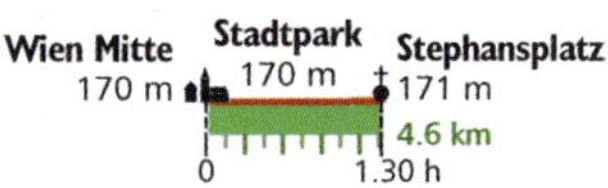

Vom Verkehrsknotenpunkt **Wien Mitte** geht man auf der Landstraßer Hauptstraße in Richtung City, die durch den alles überragenden Steffl (Stephansdom) klar definiert wird. Noch vor dem Ring finden wir an der Weiskirchnerstraße links einen Eingang zum Stadtpark vor, welcher der dicht verbauten Wiener Innenstadt vorgelagert ist. Gegenüber dem Museum für angewandte Kunst betreten wir den **Stadtpark**.

Das Strauß-Denkmal im Stadtpark ist eine der wichtigsten Attraktionen für Touristen aus aller Welt.

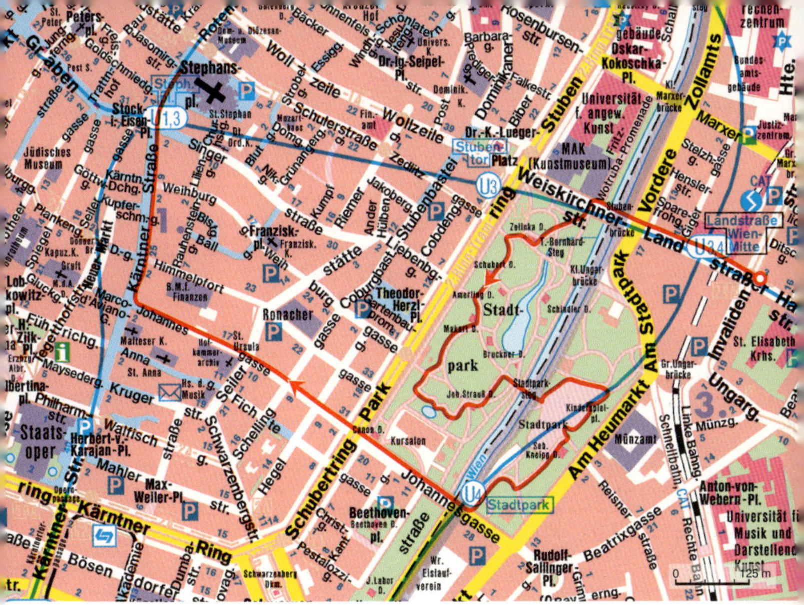

Gepflegt angelegte Spazierwege erschließen den 1862 eröffneten Park. Beim Zelinka-Denkmal breitet sich ein von Wasservögeln frequentierter **Teich** aus. Ringseitig stößt man auf die **Denkmäler** für Schubert, Amerling und Makart. Am Weiterweg zum Kursalon fallen die seltenen und exotischen Bäume auf. Der dem Renaissancestil nachempfundene **Kursalon** ist Treffpunkt für Freunde der klassischen Musik und der Wiener Gemütlichkeit. An der Wienflussseite steht das besonders bei Touristen aus Asien hoch im Kurs stehende **Johann-Strauß-Denkmal**. Vorbei am Donauweibchen-Brunnen kommen wir zum Stadtparksteg, einer der beiden Brücken über die Wien, und setzen unseren Rundgang auf der Landstraßer Seite fort. Links am Spielplatz entlang nähern wir uns der verkehrsreichen Straße Am Heumarkt, die den Stadtpark nach Osten hin abgrenzt. Rechts geht es nun vorbei am **Kneipp-Denkmal**. An der denkmalgeschützten U4-Station verlassen wir den Stadtpark, überqueren rechts den Wienfluss und gehen auf der Johannesgasse über den **Schubertring** hinweg.

Innerhalb des Rings führt uns die Johannesgasse am ehemaligen Hofkammerarchiv vorbei zur **Kärntner Straße**. Auf der viel begangenen Fußgängerzone kommen wir rechts zum Stock-im-Eisen-Platz, wo wir auf den Graben und den **Stephansplatz** stoßen. Vor uns befindet sich nun die Dom- und Metropolitankirche von Wien, die Stephanskirche, Zentrum und »Herz« der Bundeshauptstadt Wien.

46 Burg- und Volksgarten

1.15 Std.

Im Schatten der Neuen Hofburg

Im Gegensatz zu anderen Großstädten weist Wien auch in der dicht bebauten Innenstadt ausgedehnte Grünflächen auf. Neben dem Stadtpark sind vor allem die Anlagen am Karlsplatz, im Bereich der Hofburg und vor dem Rathaus das Ziel vieler Spaziergänger und Touristen.

Auf dem Rathausplatz steht ein gusseiserner Rathausmann, der jenem auf der Turmspitze 1:1 entspricht.

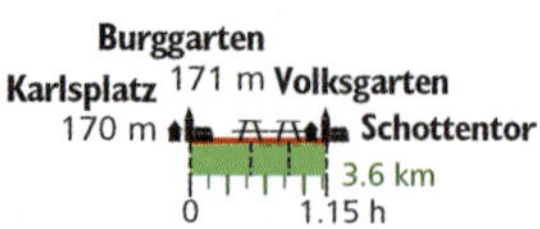

Ausgangspunkt: Wien-Innere Stadt (1. Bezirk), U-Bahnhof Karlsplatz, 170 m, im Umkreis Parkgaragen.
Endpunkt: Wien-Innere Stadt (1. Bezirk) Schottentor, 167 m, Rückkehr zum Ausgangspunkt mit der U-Bahn.
Höhenunterschied: Gering.
Anforderungen: Spaziergang.
Einkehr: Gaststätten und Buffets an der Ringstraße.

Einer der bedeutendsten Verkehrsknotenpunkte Wiens, der **Karlsplatz**, liegt an der Grenze zwischen dem 1. und dem 4. Stadtbezirk und hat mehrere unterirdische Etagen. Von den Bahnsteigen der U-Bahnlinien 1, 2 und 4 gelangt man durch lange, gut beschilderte Gänge und Passagen zum **Opernring**. An der Ringstraße, in die wir links einbiegen, finden wir in der Folge nicht nur eine kaum überschaubare Zahl von Prachtbauten, sondern vor allem auch weite, freie Plätze und Gartenanlagen vor. Opernseitig stehen wir bald vor dem Goethedenkmal und dem Eingang zum **Burggarten**, der 1817–1824 für das Kaiserhaus angelegt wurde. Rückseitig begrenzen ehemalige Gewächshäuser im Stil der Secession die Anlage, die heute ein Restaurant und das Schmetterlingshaus beherbergen. Zentrum des Burggartens ist ein romantischer Teich; mehrere Denkmäler erregen Interesse. Am linken Ende der mächtigen

Fassade der Neuen Hofburg kommt man durch ein Seitentor auf den **Heldenplatz**. Die weitläufige Anlage beeindruckt, obgleich sie nicht vollständig fertiggestellt wurde – die Pläne sahen am Standort der gesprengten Burgbastei ursprünglich ein Pendant zur Neuen Hofburg vor. Stattdessen wurde dort 1829 der **Volksgarten** angelegt, der für seine wunderbaren Rosarien, den unlängst renovierten Theseustempel und mehrere Denkmäler bekannt ist.

Nach einem Rundgang verlassen wir die Anlage auf der Burgtheaterseite. Wir überqueren die Ringstraße und betreten gegenüber den **Rathauspark**. Hohe, exotische Bäume prägen die 1885 angelegte Grünfläche. Besonders stimmungsvoll ist ein abendlicher Spaziergang im Advent, wenn das Rathaus beleuchtet und das Treiben am beliebten Christkindlmarkt auf dem Vorplatz in vollem Gange ist. An der Universitätsseite verlassen wir den Rathauspark und beenden unsere Wanderung, indem wir auf der Ringstraße am Hauptgebäude der Universität vorbei zum »Jonas-Reindl« weitergehen, der **U-Bahnstation Schottentor/Universität**.

47 Schönbrunn

2.00 Std.

Durch Schlosspark und Tiergarten

Noch vor 300 Jahren erstreckten sich auf der 2 km² großen Fläche bei Hietzing dichte Wälder mit großem Wildreichtum, doch im Verlauf der Jahrhunderte wurde sie bebaut und kultiviert. Heute zählen Schloss, Park und Tiergarten Schönbrunn zu den Fixpunkten eines Wien-Besuchs. Für die Besichtigung der gesamten Anlage sollte mindestens ein Tag veranschlagt werden.

Ausgangspunkt: Wien-Hietzing (13. Bezirk), U-Bahnhof Hietzing, 216 m, eingeschränkte Parkmöglichkeit.
Höhenunterschied: 50 m.

Anforderungen: Spaziergang.
Einkehr: Gasthäuser in Hietzing, im Tierpark, im Tiroler Garten und in der Gloriette im Schlosspark Schönbrunn.

Im Gegensatz zu Nur-Schloss-Besuchern, die am U-Bahnhof Schönbrunn aussteigen und zur Monumentalfront des Schlosses spazieren, wählen wir die **U-Bahn-Station Hietzing** als Ausgangspunkt unserer Wanderung. Entlang der Schlossparkmauer gelangt man auf der Hietzinger Straße südwärts zum »Hietzinger Platzl« (Am Platz), wo sich einer der Eingänge zu **Park und Schloss Schönbrunn** befindet. Im Park gelangt man rechts haltend zum sehenswerten Palmenhaus und zum **Tiergarten**, geradeaus in den unteren Schlosspark, der ursprünglich von der französischen Gartenarchitektur mit geometrischen Formen und Gliederungen geprägt war. Später kombinierte man diese Art der Gartengestaltung mit der scheinbaren Naturbelassenheit

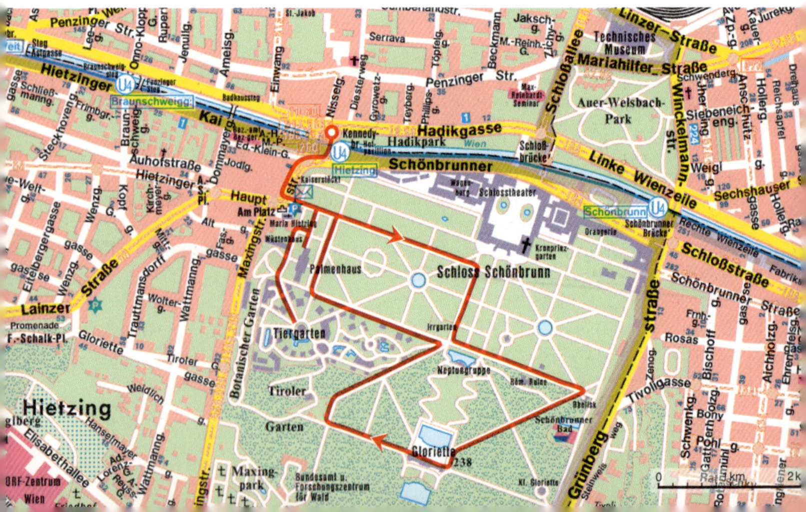

Das Schloss Schönbrunn selbst ist nur eine der vielen Sehenswürdigkeiten im gleichnamigen Schlosspark.

englischer Gartenanlagen. Wir befinden uns bald zwischen Schloss und Gloriette. Vom sogenannten **Blumenparterre** gelangen wir rechts zum erst kürzlich renovierten **Neptunbrunnen** mit einer Figurengruppe aus Sterzinger Marmor. Dargestellt werden Neptun, eine Nymphe und die Meeresgöttin Thetis. Tritonen mit Muscheltrompeten lenken Meerespferde, mit denen Neptun die Ozeane befährt. Links vom Neptunbrunnen befindet sich die Nachbildung einer römischen Ruine, wie sie im 18./19. Jahrhundert dem Zeitgeist entsprach. Ein abseits stehender, nach ägyptischen Vorbildern geschaffener Obelisk befindet sich nahe dem Bundesbad Schönbrunn. Leicht ansteigend geht es nun auf den Schönbrunner Berg mit der monumentalen **Gloriette**. Es bietet sich hier einer der schönsten Blicke auf Wien.
Den Fasangarten lassen wir links liegen auf unserem Weg zum **Tirolergarten** – benannt nach Erzherzog Johann, einem großen Tirol-Freund, der 1803 das erste Tiroler Bauernhaus in Wien bauen ließ und eine kleine Viehwirtschaft aufzog. Kaiser Franz Joseph ließ seiner geliebten »Sisi« im Tirolergarten ein eigenes Tirolerhaus errichten; heute ist der Bauernhof im Schlosspark ein beliebter Ausflugsgasthof. Von dort steigen wir rechts wieder in den unteren Schlosspark hinab und können nun den Besuch des **Tiergartens** anschließen. Die sogenannte Menagerie ließ Franz I. bereits 1752 errichten, damit ist der Tiergarten Schönbrunn der älteste Tierpark Europas. Rund 760 Tierarten werden gezeigt. Noch vor Beendigung der Rundtour besteht die Möglichkeit, das **Palmenhaus** zu besuchen, mit 2200 m² Europas größtes Glashaus. Beim Kaiserstöckl verlässt man das Schlossareal und geht auf der Hietzinger Hauptstraße rechts zurück zum **U-Bahnhof Hietzing**.

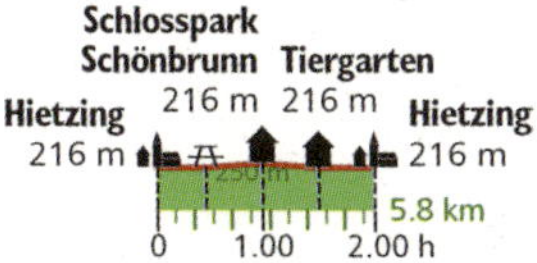

48 Belvedere

2.00 Std.

Park- und Gartenwanderung

Die Wanderung führt uns vom Rennweg, dessen Name an das »Scharlachrennen«, ein Pferderennen im Bereich St. Marx, erinnert, durch den 1754 gegründeten Botanischen Garten der Universität Wien. Der wissenschaftlichen Zwecken dienende Garten ist rund 8 ha groß und beherbergt etwa 9500 Arten; Gewächshäuser, Tropenhaus und Experimentalhaus ergänzen die Freiflächen. Der Schweizer Garten, den wir jenseits des Gürtels vorfinden, ist hingegen eine Parkanlage, entstanden auf einer früheren Freifläche vor dem Linienwall. Wir schließen die Runde, indem wir durch die neu gestaltete Parkanlage des Belvedere, das für seine wertvollen Kunstsammlungen bekannt ist, bei gleichmäßigem Gefälle wieder zum Rennweg hinabsteigen.

Ausgangspunkt: Wien-Landstraße (3. Bezirk), S-Bahnhof Rennweg, 170 m, Parkgarage.
Höhenunterschied: 50 m.
Anforderungen: Spaziergang.
Einkehr: Gasthäuser am Rennweg, Restaurant im 21er-Haus.
Tipp: Sammlungen und wechselnde Ausstellungen im Heeresgeschichtlichen Museum im Arsenal, im 21er-Haus (ehem. 20er-Haus) und im Oberen und Unteren Belvedere. Im »Bahnorama« am Südtiroler Platz kann man sich ein Bild von der größten Baustelle Wiens (Hauptbahnhof am Standort des ehemaligen Südbahnhofs) machen.

Das Wasserbassin am Oberen Belvedere, einer der schönsten Orte in der barocken Parkanlage, ist erst vor Kurzem restauriert worden.

Kultur und Natur lassen sich bei dieser Wanderung ideal verbinden: Wir starten beim Verkehrsknotenpunkt am **Rennweg** und gehen von der Kreuzung Rennweg/Fasangasse stadteinwärts zur Jacquingasse. Wir biegen links und dann rechts in die Mechelgasse ein, die uns zum unteren Eingang des **Botanischen Gartens** der Universität Wien führt. Bei freiem Eintritt kann der in mehrere Schaugruppen unterteilte Park mit verschiedenen Gewächshäusern besucht werden. Liebevoll werden hier heimische und exotische Pflanzen gezogen. Durch den oberen Ausgang des Parks kommen wir zum Landstraßer Gürtel; vis-à-vis betreten wir den **Schweizer Garten**. Der Garten entstand 1904 nach dem Abbruch des sogenannten Linienwalls. Heute stehen auf der zwischen dem neuen Wiener Hauptbahnhof (derzeit im Bau, vgl. Tipp) und dem **Arsenal** befindlichen Fläche mehrere Denkmäler, darunter das Staatsgründungsdenkmal des Bildhauers Heinrich Deutsch und eines zur Erinnerung an den Schulpionier Rudolf Steiner. Auch das 21er-Haus finden wir hier. Nach der Durchwanderung des Schweizer Gartens kommen wir wieder zur Kreuzung Landstraßer Gürtel/Prinz-Eugen-Straße und betreten nun die Parkanlage des **Oberen Belvedere**. In dem für Prinz Eugen von Savoyen erbauten Gebäude wurde am 15. Mai 1955 der Österreichische Staatsvertrag unterzeichnet. Der **Belvedere-Garten** ist der älteste Teil der barocken Anlage und wurde um 1700 von Dominique Girard angelegt. Er gehört zum Weltkulturerbe und wird nun schon seit vielen Jahren gemäß den strengen UNESCO-Richtlinien restauriert; das große Bassin mit Fontäne an der Südseite des Oberen Belvedere wurde eben erst wieder in Betrieb genommen. Durch die Gartenanlage steigen wir hinab zum **Unteren Belvedere** und verlassen die Anlage durch den Ausgang am Rennweg. Wir kommen rechts am Botschaftsviertel vorbei und schließen unsere Runde an der **S-Bahn-Station Rennweg**.

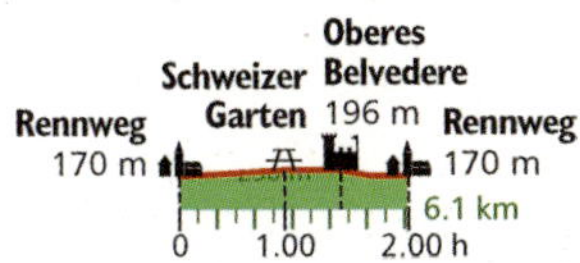

49 Zentralfriedhof

1.15 Std.

Eine Wanderung durch Wiens größten Friedhof

Mit 2,5 km^2 ist der 1874 eröffnete Zentralfriedhof die größte Begräbnisstätte Wiens. Der Besuch der Ehrengräber lässt einen eindrucksvollen Blick in Österreichs Vergangenheit zu. Breite Alleen durchziehen die parkähnliche Anlage. Mittelpunkt ist die sezessionistische Friedhofskirche Zum Heiligen Karl Borromäus.

Ausgangspunkt: Wien-Simmering (11. Bezirk), Simmeringer Hauptstraße, Zentralfriedhof, 2. Tor (Haupttor), 171 m, Haltestelle der Straßenbahnlinie 71, Parkplatz vor Ort.
Höhenunterschied: Gering.
Anforderungen: Spaziergang.
Einkehr: Gaststätten an der Simmeringer Hauptstraße.

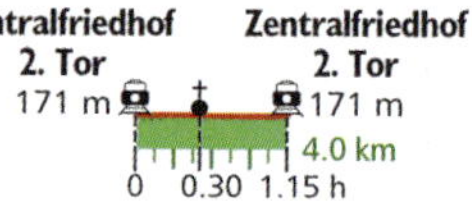

Tipp: Sehenswertes modernes Krematorium im Park des Schlosses Neugebäude gegenüber vom Haupteingang.

Wir beginnen unsere Tour am **2. Tor**. Vom Haupteingang gelangt man durch die von Hallen flankierten Arkaden zu den **Ehrengräbern** berühmter Persönlichkeiten. Architekten, Bildhauer, Dichter, Komponisten, Maler, Schauspieler

Die Friedhofskirche Zum Heiligen Karl Borromäus krönt eine wundervolle Kuppel.

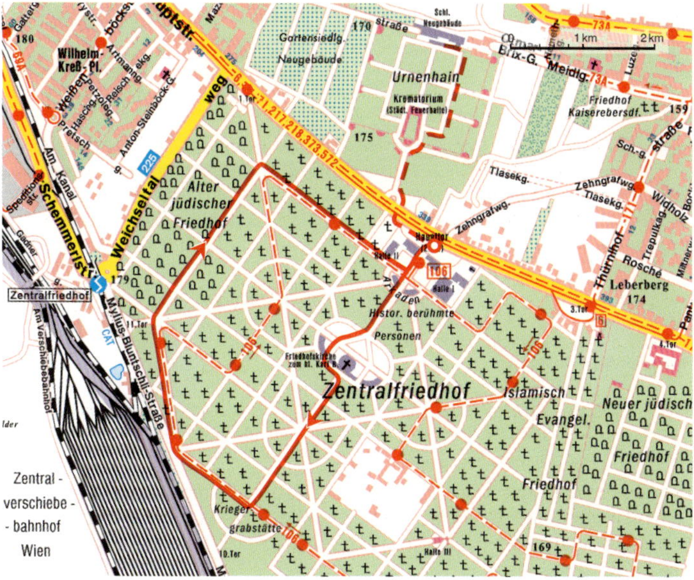

und Politiker, darunter die österreichischen Bundespräsidenten, wurden hier beiderseits der Allee zwischen dem Haupteingang und der renovierten **Friedhofskirche** Zum Heiligen Karl Borromäus (auch Dr.-Karl-Lueger-Gedächtniskirche) bestattet. In der Krypta der Friedhofskirche ruht Wiens ehemaliger Bürgermeister Dr. Karl Lueger, der der Kirche ihren Namen gegeben hat. Hinter der Kirche setzt sich die Allee fort und endet beim **Kriegerehrenmal** für die im Ersten Weltkrieg gefallenen Wiener. Nun wenden wir uns nach rechts und gehen vorbei an zahllosen mehr oder (leider) minder gepflegten Grabstätten zum **11. Tor**. Wer möchte, beendet hier den Besuch des größten Wiener Friedhofs und steigt an der S-Bahn-Station Zentralfriedhof in die S 7.

Auf dem Weg zurück statten wir dem **alten jüdischen Friedhof** einen Besuch ab. Wer möchte, kann anschließend geradeaus am **2. Tor** vorbeigehen und noch einen Abstecher zum islamischen, evangelischen und neuen jüdischen Friedhofsbereich an den Toren 3 und 4 machen. Auch der Ehrenhain in Gruppe 40 mit dem Grabmal des Popsängers Falco, das zu einer Pilgerstätte für viele Fans geworden ist, lohnt einen Besuch.

Am Ausgangspunkt an der Simmeringer Hauptstraße ist schräg gegenüber die Krematoriumsanlage im ehemaligen Garten des manieristischen Schlosses Neugebäude zu besichtigen.

50 Prater

1.30 Std.

Ein Naturpark mitten in der Stadt

Hinter dem Praterstern dehnt sich zwischen dem Donaukanal und der Donau ein 10 km langer Naturpark aus: der Prater. Das frühere kaiserliche Jagdrevier wurde 1766 durch Josef II. der Bevölkerung zugänglich gemacht und zählt heute mit seinen Erholungs- und Freizeiteinrichtungen zu den beliebtesten Ausflugszielen im Wiener Stadtgebiet.

Ausgangspunkt: Wien-Leopoldstadt (2. Bezirk), U- und S-Bahnhof Praterstern, 160 m, Parkplätze beim Pratereingang.
Höhenunterschied: Gering.

Anforderungen: Spaziergang.
Einkehr: Zahlreiche Gasthäuser an der Hauptallee, im Volksprater und am Praterstern.

Vom Verkehrsknotenpunkt Praterstern (früher Wien-Nord bzw. Nordbahnhof) führt eine Unterführung zum Beginn der Prater-Hauptallee. Sie ist von vier Kastanienbaumreihen flankiert und verbindet den Praterstern mit dem 4,5 km entfernten Lusthaus. Lediglich bei großen Veranstaltungen im Wiener Stadion oder am Wiener Messegelände darf die Hauptallee befahren werden – ansonsten ist sie Wiens erste und auch größte Fußgängerzone.

Am Ende einer Tour durch den Prater lockt der Vergnügungspark mit seinen vielen Fahrgeschäften.

Vorbei am Denkmal für den Komponisten Carl Michael Ziehrer gelangt man zum künstlich errichteten **Konstantinhügel**. Dahinter quert die Rotundenallee die Hauptallee. Rechts breitet sich nun ein ausgedehntes Wiesen- und Waldgebiet aus, das wir im Bogen erkunden. Auf der **Jesuitenwiese** finden alljährlich Freiluftfeste statt. Früher, vor dem Bau der Südosttangente A 23, quoll der Verkehr auf der Stadionallee quer durch den Prater. Heute ist die Gegend um das **Heustadelwasser** an Wochenenden verkehrsberuhigt. Auf der Hauptallee wenden wir uns wieder in Richtung Praterstern. Rechts von uns befinden sich das Stadionbad, das Ernst-Happel-Stadion und die Krieauer Trabrennbahn. Die **Liliputbahn** verkehrt im Sommerhalbjahr zwischen der Stadionallee und dem Volksprater – sie bietet sich als attraktive und gemütliche Rückkehrmöglichkeit zum Praterstern an. Die andere Möglichkeit gibt es erst seit 2008: Die verlängerte U-Bahnlinie 2 nimmt müde Wanderer an den Stationen Stadion, Krieau oder Messe auf und bringt sie zum Ausgangspunkt Praterstern zurück.

Den Abschluss einer Praterwanderung könnte der Besuch des Volks- oder Wurstelpraters bilden. Der 1766 entstandene **Vergnügungspark** weist zahlreiche Attraktionen wie Geisterbahn, Hochschaubahn und ein Autodrom auf. Wahrzeichen ist das 64 m hohe Riesenrad, von dem man einen wunderbaren Ausblick auf die ganze Stadt hat. Der Durchgang unter dem verkehrsreichen **Praterstern** bringt uns zurück zum U- und S-Bahnhof.

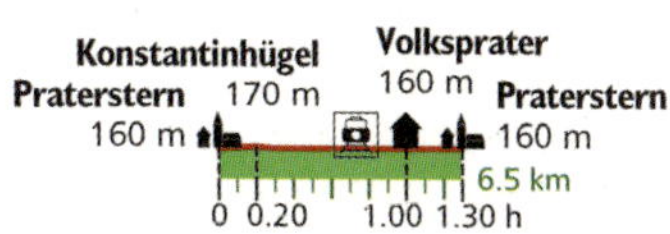

Stichwortverzeichnis

Umschlagbild: Der Gipfel des Leopoldsbergs mit Leopoldskirche und Blick ins Donautal mit dem linksufrigen Wiener Stadtteil Floridsdorf (Tour 2).

Bild im Innentitel: Die Weinkulturen an Anninger, Bisamberg, Leopoldsberg und Nussberg prägen das Stadtbild Wiens.

Alle Fotos vom Autor.

Kartografie:
50 Wanderkärtchen im Maßstab
1:12.500/1:25.000/1:50.000/1:125.000
sowie vier Übersichtskarten im Maßstab 1:300.000
und eine Übersichtskarte im Maßstab 1:600.000

7., komplett überarbeitete Auflage 2012

ISBN 978-3-7633-4188-7

Wir freuen uns über jeden Korrekturhinweis zu diesem Wanderführer!
BERGVERLAG ROTHER · München
D-82041 Oberhaching · Keltenring 17 · Tel. (089) 608669-0
Internet www.rother.de · **E-Mail** leserzuschrift@rother.de